以女性身分挑戰父權體制，以婦女之姿站上政界巔峰，席捲英國政壇成為傑出領袖

最強女首相
Margaret
Thatcher

柴契爾夫人

保守黨第一位女領袖╳英國史上第一位女首相

她在屬於男人的天下殺出通往政壇之路
她面對各方嚴厲抨擊仍貫徹始終，絕不妥協
她是英國史上首位蟬聯三屆、在位長達11年的女首相
她是最傑出的女性領袖代表──柴契爾夫人

潘于眞，何水明 編著

目錄

目錄

序

　　瑪格麗特・希爾達・柴契爾，通稱柴契爾夫人，西元 1925 年 10 月 13 日出生在英格蘭肯特郡的格蘭瑟姆。

　　她於西元 1975 年至 1990 年出任保守黨領袖，於西元 1979 年至 1990 年擔任英國首相。她是英國歷史上同時擔任過這兩個職位的唯一女性。

　　柴契爾夫人曾就讀於牛津大學薩默維爾學院的化學系，後來進修後進入高等法院任出庭的大律師。在西元 1959 年的大選中，她贏得議會席次，成為芬奇利市的保守黨下院議員。

　　西元 1970 年，當愛德華・希思組建政府時，柴契爾夫人被任命為教育和科學大臣。四年後，她支持基思・約瑟夫競選保守黨領袖，但後者最終被迫放棄。

　　西元 1975 年，柴契爾夫人親自參加角逐，終於成為保守黨領袖。在西元 1979 年的大選中，她一舉成為英國第一位女首相。

　　她是歐洲歷史上第一位女首相，雄踞政壇 11 年。任職首相期間，她政績卓著，被稱為「鐵腕夫人」、令世界折服的「鐵娘子」。

　　柴契爾夫人在西元 1979 年執政以來，她所領導的政府在英國上演了一場被稱作「柴契爾的旋風」的「話劇」，使戰後以來一直處於衰落不振的英國，出現了「中興」的局面。

　　柴契爾夫人以貨幣主義代替凱因斯主義，作為整頓經濟的基本方針；大力推行非國有化和私有化政策；對英國工會和罷工運動採取強硬政策，以取代過去所採用的協商、談判和妥協方針；實行有

利於中上階層的稅制，並對福利制度進行改革；實行強硬而務實的外交政策，在國際事務和外交政策中努力提高英國的國際地位和影響。

柴契爾夫人是一位傑出的政治家。在英國的歷史上，恐怕沒有人比柴契爾夫人創造了更多的第一了。

柴契爾夫人是英國保守黨第一位女領袖，而且是創造了蟬聯三屆英國首相，任期長達 11 年紀錄的女首相。

她是英國歷史上第一個以其所推行的一套政策，而被冠之以「主義」和「革命」的首相，也是 20 世紀最優秀的首相之一。

柴契爾夫人以其意志剛強，作風果斷，不屈不撓，以及不斷的努力追求和頑強的奮鬥，終於在英國這個重門第、講傳統的國度裡，在被視作「男人的領地」的政治鬥爭漩渦和激流中，一步一步沿著成功的階梯攀登，到達權力之巔。

她是一位足以傲視群雄的政治家，令無數男子刮目相看、相形見絀。

年少時的平民生活

　　西元 1925 年 10 月 13 日，瑪格麗特・希爾達・羅勃茲，也就是後來的柴契爾夫人，出生在英國的格蘭瑟姆鎮一個並不算富有的小業主家庭，她家世代都信仰基督教。

　　這個小鎮始建於撒克遜時代，那還是丹麥人建設的一個地區中心。在 12 世紀期間，北大路開始改道，從鎮中間穿過，從此在地圖上就標明了格蘭瑟姆小鎮的位置。這個小鎮，交通運輸一直是它的主要行業。

　　18 世紀時，在小鎮開鑿了運河，從外地把煤、焦炭和石頭等運進了格蘭瑟姆小鎮，同時也把玉米、麵粉、麥芽、羊毛和牛奶等源源不斷地運了出去，小鎮從此有了可靠的經濟收入。

　　但是，格蘭瑟姆小鎮大規模的發展，還是在西元 1850 年修建了鐵路之後。鐵路的運輸帶動了小鎮大的發展。

　　在格蘭瑟姆鎮上，最具有特點和最有意義的建築，是金碧輝煌的市政大廳，還有聳立在它前面的格蘭瑟姆最著名的兒子，艾薩克・牛頓爵士的一座塑像。

　　瑪格麗特在小的時候非常乖，每當陽光透過菩提樹葉照進房間，她的媽媽、姐姐或者在店裡做事的其他人，都不時過來摟抱她或者塞給她一塊糖。

　　在格蘭瑟姆小鎮，瑪格麗特有生以來第一個清晰的記憶是關於交通的記憶。那是在一個陽光明媚的日子裡，小瑪格麗特坐在

年少時的平民生活

嬰兒車裡，大人推著她穿過小鎮來到公園。她在路上看到了格蘭瑟姆鎮的繁忙場面，那就是斑駁的色彩、穿梭般的車流、來往的人群，還有喧鬧的嘈雜聲，互相交織在一起。

這是一個快樂的記憶，有一種田園詩般的朦朧，使首次置身於外部世界的小瑪格麗特產生了良好的感覺。

小瑪格麗特的父親羅勃茲世世代代都是北安普敦的鞋匠，當時那裡是一個巨大的製鞋業中心。羅勃茲當初本想當老師的，但家裡供不起他上學，於是他 13 歲輟學，到歐德爾學校的食品店做工，這是一所不錯的私立學校。

西元 1913 年，羅勃茲當上格蘭瑟姆一家食品店的經理。他當時一個星期賺 14 先令，12 先令用於食宿，1 先令存起來，剩下的 1 先令才用來零花。一年後第一次世界大戰爆發了。羅勃茲是一個赤誠的愛國者，他至少六次報名參軍，每次都由於健康原因被拒絕。

羅勃茲來到格蘭瑟姆小鎮四年後，在當地的衛理公會教堂認識了後來的妻子派翠絲·史提芬遜。她是一個裁縫，自己開了一家店。西元 1917 年，羅勃茲與派翠絲·史提芬遜在他們相識的那座教堂結婚。

派翠絲·史提芬遜很節儉，至西元 1919 年他們就能夠利用抵押貸款，在白帕娜特買下他們自己的店。他們的家就在店的樓上。

西元 1925 年 10 月 13 日，他們的第二個孩子瑪格麗特就誕生在這裡。然而，夫妻倆做夢也不會想到，幾十年後，這個小女兒竟然成為叱吒風雲的英國女首相。

後來，羅勃茲的經營又擴大了，店裡請了 3 個店員，童年的小瑪格麗特也會忙著幫助大人把茶、糖或餅乾分裝成一磅或兩磅的小袋，以使顧客買這些食品時不耽誤時間。

瑪格麗特在櫃檯前忙著時，窗外不遠處的通往北方的鐵路上不時有列車隆隆駛過。她做起事來從未感到厭煩，經常覺得很快樂。她的家人都在勤奮工作，只要店裡繁忙，她隨時參與幫忙。

在房子的後面有一個涼爽房間，他們稱作「老麵包房」，那裡掛著燻肉，需要剔骨，切成細片。整個房間裡瀰漫著香料、咖啡和燻肉的宜人香味。

住在商店的樓上，小瑪格麗特可以比其他階層的孩子們，有更多的時間見到父母。無論是吃早餐時，還是吃午餐時，或者是喝下午茶或吃晚餐時，她都能見到父親。

父親對女兒非常關心和疼愛，全家人在一起和睦快樂，週末一起外出做禮拜、郊遊、參加音樂會、舉行家庭音樂會，有時父親甚至和孩子們一起玩遊戲，他們更多的時間是用來交談。

在這個家庭裡，父親道德高尚，媽媽性情賢淑，他們恪守著維多利亞時代的價值觀：節儉、克制、愛國、富有責任感，他們把這個家操持得井井有條。

在這個家庭裡，每個人在家裡從不懶散。一方面是因為家人意識到懶散是罪過，另一方面是因為總有很多事要做。

小瑪格麗特還向媽媽學習做家事。媽媽教瑪格麗特熨男襯衫，還教她不損害刺繡的方法。

媽媽在火上把大而扁平的熨斗燒熱，並告訴瑪格麗特一個祕

年少時的平民生活

密：在熨斗上塗大約 6 便士硬幣那麼大小的一塊蠟，這樣燙出的亞麻製品特別光亮。

瑪格麗特在白帕娜特的家不僅每天打掃，而且每年春季進行大掃除，為的是把平時打掃不到的死角打掃乾淨。她還能把地毯吊起來抽打。

媽媽從拍賣行買來的紅木家具品質很好，她和媽媽用溫水和醋質混合液刷洗，然後上光。

瑪格麗特童年生活清淡艱苦，家裡沒有洗澡間、自來水和室內廁所，她也沒有玩具、服裝。這並不是羅勃茲沒有錢，而是他執意為女兒養成一種節儉樸素、拚命向上的習慣。

她們家從不浪費東西，什麼都量入為出。一般來說，對一個家庭的最過分的挖苦莫過於說這一家子太「小氣和吝嗇」了，他們卻從不以為恥，還因此而自豪。

戰時的艱苦對她家來說並未有太大影響，甚至能節省出來一些食物，並將它們分送給孤寡老人或病人。他們聽收音機時記下節約型的菜譜，如「伍頓爵士馬鈴薯餅」，這是以戰時的糧食部長命名的一道節約型的菜。

她父親不僅參加教會發起的募捐，而且還常作為市議員或以個人名義參加募捐。而她最喜歡參加的是聖誕兒童食品救助團募捐，為生活困難的孩子募捐。

媽媽是一位出色的家庭廚師，而且很有條理。媽媽一週烤兩次麵包，還烤製餡餅、蛋糕等糕點。她家的麵包頗有名氣，她家的薑汁麵包也一樣享有美名。

媽媽是個專業裁縫，瑪格麗特穿的大部分衣服是她縫製的。那時有兩種很好的衣服樣式，一種叫新款，一種叫巴特里克。

　　在格蘭瑟姆和諾丁漢的減價市場上可以用便宜的價格買到品質很好的布料。所以家裡人的衣服花錢不多，材質不錯，且款式時髦。

　　瑪格麗特的空閒時間比其他孩子要少，但她喜歡獨自一人長時間散步。

　　瑪格麗特喜歡鄉間的美景並在其中陶醉於自我思考。有時她沿曼索普路走到鎮子外面去，然後走到鎮的北部，從北大路回來。有時漫步走上霍爾山，到那裡採集野薔薇或黑莓。如遇下雪，那裡還可以滑雪橇。

彰顯與眾不同的個性

　　瑪格麗特出生在一個講求實際、嚴肅認真、宗教氣氛濃厚的家庭，她的父母都是虔誠的衛理公會教徒。

　　衛理公會教堂是羅勃茲一家生活的中心，每個星期天 11 時，全家去教堂做禮拜。在此之前，瑪格麗特要去學校，為唱聖歌的小孩子伴奏鋼琴。

　　父親羅勃茲在格蘭瑟姆及其附近還是一個擔任傳教的居士，經常有人請他去傳教。羅勃茲的傳教很有感召力，知識性很強。他傳教時經常用一種教導的語調，表現出一種對幸福的虔誠。

　　羅勃茲對瑪格麗特的影響至深。女兒很小的時候，羅勃茲就諄諄告誡她千萬不要盲目迎合他人。

　　小瑪格麗特覺得活動太多了，有幾次曾設法逃脫。有一天，她回家鼓起勇氣對充滿威嚴的父親說：「爸爸，我也想去玩。」

　　羅勃茲臉色一沉說：「妳必須有自己的主見！不能因為妳的朋友在做某件事情，妳就也得去。要自己決定你該怎麼辦，不要隨波逐流。」

　　見孩子不說話，羅勃茲緩和了語氣，繼續勸導瑪格麗特：「孩子，不是爸爸限制妳的自由，而是妳應該要有自己的判斷力，有自己的思想。現在是妳學習知識的大好時光，如果你想和一般人一樣，沉迷於玩樂，那樣一定會一事無成。我相信妳有自己的判斷，妳自己做決定吧。」

聽完父親的話，小瑪格麗特再也不吭聲了。父親的一席話深深地印在了她的腦海裡。她想：是啊，為什麼我要學別人呢？我有很多自己的事要做呢，剛買回來的書我還沒看完呢。

　　父親深明道理，因此瑪格麗特對他言聽計從。父親嗜書如命，不斷追求知識，這一品格傳到了女兒身上，他努力要將女兒塑造成一位「領頭而不從眾」的女性。

　　羅勃茲經常教育女兒要有自己的理想，特立獨行、與眾不同最能顯示一個人的個性，隨波逐流只能使個性的光輝淹沒在芸芸眾生之中。不管當時她的感受如何，但是在長大後的她看來，這種情操正如她父親一樣，也對她產生了非常好的作用。

　　羅勃茲教育女兒「與眾不同」不是負擔而是財富，這是值得讚賞的品格。這種早年的教育成為瑪格麗特以後發揮作用的因素，她那時面臨的是從未曾被女人統治過的男人的世界，她必須在新的「不同的」環境中行事，這是一個女人必須在男人主宰的世界裡，學會生存的陌生領地。

　　由於父親的緣故，瑪格麗特整個青少年時期都生活在地方一級的政治邊緣上。羅勃茲先生的小店不僅是經濟交往的場所，而且成了商會中熱心政治的小商人聚集的地方。

　　瑪格麗特的父輩們還常在家討論時政、國際大事和探討自由經濟。羅勃茲就有意與女兒就各種問題進行辯論，這使她擁有機智沉著、語言豐富、充滿感染力和穿透力的雄辯能力。

　　11歲時，瑪格麗特進入凱斯蒂文女子學校。在凱斯蒂文辯論俱樂部的辯論會上，她以思維敏捷、觀點獨到、講話準確、氣勢

彰顯與眾不同的個性

磅礴而使同學們甘拜下風。

瑪格麗特所在的學校經常請人來校演講，每次演講結束，她總是第一個站起來大膽提問。不管她的問題是幼稚，還是尖銳，她總是充滿好奇地脫口而出，而其他的女孩子則往往怯生生地不敢開口，她們只能面面相覷或抬眼望著天花板。

回家後，瑪格麗特向父親分享學校的情況時，父親總是鼓勵她：「孩子，妳有這樣的信心，我真為妳感到驕傲。妳一定會成為一個出色的辯論家。」父親的不斷鼓勵使瑪格麗特對自己的口才充滿了自信。

瑪格麗特是學校辯論俱樂部的成員，演講從不怯場。但老實說當時瑪格麗特的演講技巧一點也不高超，用她同學的話說是根本不能振奮人心，這自然不受同學歡迎。瑪格麗特卻毫不顧忌，一有機會就上臺演講，而且滔滔不絕。

有一次，因為她講的內容大家不感興趣，而且她又講了很長時間，那時儘管臺下時有噓聲，諷刺嘲笑聲隨之而起，瑪格麗特自信好強的個性卻使她根本不把這些放在眼裡，依然毫不臉紅地演講下去。甚至到後來，聽她演講的人都跑光了，她卻仍然坦然地把自己想講的話講完才停止。很多同學對她這種突出個性不理解，但她對別人的議論也毫不在意，一直維持著獨立自信、我行我素的個性。

當時她對希特勒的行事也有自己的想法。她們家附近有一家賣魚片的店，她經常去買全家星期五的晚餐，在那裡排隊的人常常組成一個論壇。有一次辯論的題目是希特勒。

有一個人說，希特勒至少使德國人有面子，而且修理好火車了。她激烈地反對這種觀點，因此一些大人對她的看法感到非常震驚，而且無疑的還有些惱怒。開店的女老闆笑著說：「哦，她總是不停地辯論。」

廣泛涉獵各科知識

　　瑪格麗特 4 歲的時候，父親進入了市議會，從小商人變成了政府官員，從此進入了仕途，後來還做了格蘭瑟姆市的市長。父親從小就輟學，但他一直很喜歡讀書，瑪格麗特十來歲時經常替父親跑圖書館，幫他取書、還書，家裡的雜務也經常由她和比她大 4 歲的姐姐承擔。

　　父親非常重視孩子們的教育，瑪格麗特除了上學外，還要上補習班。從 5 歲起，父親就讓她學習鋼琴，教她的老師很好，媽媽也會彈鋼琴，所以瑪格麗特進步很快，後來在當地的音樂會上還得過幾次獎。

　　瑪格麗特學琴用的鋼琴是她的叔叔約翰·羅勃茲在北安普敦製作的。叔叔還製作教堂用的風琴。瑪格麗特 10 歲時去看望叔叔，叔叔在花園的一個穀倉式的建築物裡製作了兩臺鋼琴。叔叔讓瑪格麗特用其中的一臺演奏，這讓她感到特別高興。

　　那時，瑪格麗特一家每到晚上就在家裡開音樂會，瑪格麗特彈鋼琴，父親有很好的男低音，他和也是低音的媽媽及朋友們唱一些他們喜歡的老歌，如：《聖城》、《失去的琴弦》，以及吉爾伯特和沙利文等人的作品。

　　11 歲時，瑪格麗特離開亨廷登爾路小學後，到凱斯蒂文和格蘭瑟姆女子學校讀書。她中午回家吃午餐，比在學校用餐節省些。每天來回走五六公里路。這個學校的校服顏色是海軍藍，所

以人們稱這裡的學生為「穿藍校服的女生」。

在這個學校對瑪格麗特影響最大的是化學老師，以至於後來瑪格麗特決定專修化學。當時，至少在女校中，攻讀自然科學的女生也並不多見。

一些關於科學突破的報導助長了瑪格麗特對自然科學的天生愛好，如：原子的裂變、關於塑膠的研究開發。瑪格麗特清楚地意識到，一個嶄新的科學世界正在展現。

瑪格麗特想成為其中的一員。而且她知道，她必須自己謀生，看來從事自然科學是一條充滿信心的道路。

瑪格麗特的父親要瑪格麗特抓住每一個受教育的機會。他們一起去諾丁漢大學聽關於當前國際事務的課外講座。這類講座在格蘭瑟姆經常舉行。講完課後有一段活潑生動的提問時間，有很多人參加。

「二戰」期間，卡姆登學校的女生撤退到格蘭瑟姆後，學校實行倒班制，因此週末需要加班，但要按照宗教的要求做。

瑪格麗特的父親經常與瑪格麗特討論她在學校讀過的東西。有一次，他發現瑪格麗特不懂華特·惠特曼的詩，這一點很快得到補救。父親還鼓勵瑪格麗特讀一些古典作品，如：布朗特姐妹、珍·奧斯丁，當然還有狄更斯的作品。

瑪格麗特 15 歲時，父親當上了市長，還兼任地方治安官。所以瑪格麗特假日時常跟隨父親去法院，有時還旁聽法庭審理形形色色的案件。禮拜天，父親則要帶瑪格麗特去聽布道，這些活動都對瑪格麗特產生了很大影響。

廣泛涉獵各科知識

宗教生活不僅是一種社交活動，而且還是一種富有啟發性的知識活動。傳教士們具有強烈的個性和鮮明的觀點。

公理會牧師蔡爾德經常應邀到格蘭瑟姆布道。瑪格麗特記得最清楚的一件事是，他在當時曾說明了一個頗為先進的思想：不管父親還是媽媽有什麼罪過，都不應該使他們的子女受到牽連。

瑪格麗特記得他譴責了法利賽派。該派把非婚生育的孩子視為「非法」。鎮上的人都知道，有些孩子沒有父親。聽了蔡爾德牧師的布道後，瑪格麗特為另眼看待這些孩子感到內疚。

除此之外，格蘭瑟姆的電影院，也給瑪格麗特的少年生活增加了無限的樂趣。而且幸運的是，瑪格麗特的一位名叫坎貝爾的顧客擁有三家電影院，他們經常邀請瑪格麗特去他們那裡聽留聲機。

瑪格麗特在坎貝爾家認識了他們的女兒茱蒂，她後來成為著名演員，與諾爾·寇威爾搭檔演了戰時喜劇《笑逐顏開》，這個喜劇使夜鶯在伯科利廣場歌唱成為名曲。

由於瑪格麗特認識坎貝爾一家，瑪格麗特的父母比較容易接受電影院這個事物。只要瑪格麗特去看好電影，父親就十分支持。

在平常日子裡，看電影或戲劇的夥伴都是瑪格麗特的同齡人。一般每週有一個新電影，但有些電影索然無味，放映不了6天，就從星期四開始放映一個新電影。有些人接著看第二個電影。

在當時，正是好萊塢的黃金時代，瑪格麗特已經接觸了好萊塢的夢幻世界。花9個便士就可以舒舒服服地坐在電影院裡先看

新片預告，再看伴以活潑逗趣解說的英國有聲電影新聞。隨後是公眾教育性的短片，如：《犯罪沒有收益》等，最後才是真正的大片。

　　瑪格麗特後來常常想，自己出生在西元 1925 年而不是早 20 年的世紀初是多麼幸運啊。在 1930 年代之前，生活在英格蘭小鎮的女孩不可能有機會接觸到這麼廣泛的戲劇演出。

　　格蘭瑟姆是個小鎮，但每當看電影時，瑪格麗特就彷彿在充滿夢幻般的想像王國中漫遊，她決心有朝一日要到現實世界中去周遊。

　　隨著年齡的增長，她已經很少參加此類活動，因為她要準備緊張的入學考試，她的目標是牛津大學薩默維爾學院。

熱切關注和了解時事

　　有一天，瑪格麗特的父親買回了一臺飛利浦牌收音機，瑪格麗特聽說這個消息，激動地從學校跑回家，當她聽到從裡面發出的各種聲音時，感覺特別興奮。因為自此之後，她的生活節奏就不僅是扶輪社、教堂和商店，而且還能聽到來自世界各地的新聞。

　　收音機為瑪格麗特打開了一個奇特的世界。當時，瑪格麗特對 1930 年代政治世界的了解不夠深入，但透過收音機，有些事情還是留在了她的記憶中。例如：大蕭條的年代，這是由於錯誤的貨幣政策導致的第一次，但不是最後一次經濟災難。

　　這次災難對格蘭瑟姆影響較小，但對附近的農業地區影響較重，而北部重工業地區的城鎮受影響更大。

　　對於那些處於落後地區的國家和大陸，瑪格麗特曾經充滿浪漫的幻想，幻想英國人能夠帶給他們什麼好處。瑪格麗特曾懷著好奇的心情，傾聽一個衛理公會的牧師講述的故事。牧師說他在中美洲的一個部落工作，那裡非常落後，他們沒有文字書寫他們的語言，他為他們創造了文字。

　　後來，瑪格麗特認真地考慮過去印度當文官。在她看來，印度是英國的最大附屬國。當她與父親討論這個問題時，父親說：「當你真的參加印度文官團隊時，也許印度的文官制度已不復存在。」

　　後來的事實表明，父親的話很有預言性。

　　任何人關於 1930 年代的記憶，都在很大程度上受後來事件

的深刻影響，兒童的記憶也是如此。瑪格麗特記得父母對國民聯合政府的軟弱表示不安，因為當西元 1935 年阿比西尼亞遭到義大利入侵時，國民聯合政府沒有給予應有的支援。

在英對德宣戰之前很長一段時間，瑪格麗特只知道自己對希特勒的看法。在電影院觀看新聞短片時，她對衝鋒隊集會時那種大搖大擺的樣子感到非常厭惡，而且很不理解。瑪格麗特在大量閱讀中，還了解到許多有關納粹政權所做的野蠻和荒謬的事情。

家裡的閣樓裡有一大疊雜誌，其中有一些關於大戰的著名照片，一隊英國士兵被芥子氣毒瞎了眼睛，他們正在走向治療站，每個人都把手搭在前邊人的肩上，由前邊的人領路。

早在西元 1938 年 9 月，也就是簽訂《慕尼黑協定》時，媽媽和瑪格麗特就買了很多為防空遮窗用的布料。一有空襲，家人就爬到桌子底下躲避，等警報解除的信號響起後再爬出來。有一次，瑪格麗特正和朋友們戴著防毒面具走在放學回家的路上，有人高喊德國飛機來了，他們立即飛奔到一棵大樹底下躲避。

西元 1941 年 1 月，格蘭瑟姆鎮遭到轟炸之後，瑪格麗特問父親能不能去看看爆炸造成的破壞情況，但父親不讓她去。在那次空襲中，有 22 人被炸死。

實際上，格蘭瑟姆當時產生的作用比瑪格麗特知道的要重要得多。隸屬於皇家空軍轟炸機司令部的轟炸機第五部隊就駐紮在這裡，而很多轟炸德國的計劃就是在哈羅比大路旁的一幢大房子裡制訂出來的。軍官們就在埃爾默街的餐廳裡吃飯，瑪格麗特上學時經常路過這裡。

熱切關注和了解時事

　　早在西元 1937 年 6 月，納粹德國就擬訂了代號為「綠色方案」的侵略計劃。西元 1938 年 9 月 29 日，英國首相內維爾‧張伯倫與達拉第、希特勒、墨索里尼一起，在慕尼黑舉行英、法、德、意四國首腦會議。協定使捷克斯洛伐克喪失了主權，加強了納粹德國的經濟和軍事實力，助長了德、日、意、法西斯的侵略氣焰。

　　戰爭烏雲布滿歐洲上空。瑪格麗特的父親投入大量精力組織鎮上的防空，以至於他沒有時間做其他事了。事實表明，瑪格麗特的家庭本來就是一個熱心政治的家庭。儘管這裡邊蘊含著嚴肅的義務感，政治也是樂趣。

　　瑪格麗特當時還小，不能為父親競選市議員做宣傳。但是她得到一項工作，就是折疊那些鮮紅的宣傳保守黨候選人維克托‧沃倫德爵士的傳單。傳單上的紅色染到瑪格麗特的溼潤的手指上，有人說「那是沃倫德夫人的口紅」。

　　選舉那天，瑪格麗特的重要任務是在保守黨委員會辦公室和投票站，也就是她所在的學校之間來回傳遞投票情況的訊息。

　　瑪格麗特當時不理解關於重整軍備和國民聯合政府問題的爭論。後來，當她十幾歲時，她經常與其他保守黨人激烈爭論，鮑德溫在競選中是否誤導了選民，人們普遍認為他沒有告訴選民國家面臨的危險。

　　事實上，要不是國民聯合政府在那次選舉中重新當選執政，就根本談不上重振軍備應該更快一些的可能性；如果工黨上臺，很可能會做得更差。國民聯合政府也根本不可能阻止大戰的爆發。

戰爭還是很快降臨到英國人的頭上。西元 1939 年 9 月 1 日，德國入侵波蘭。9 月 3 日星期天上午 11 時，按照英國的最後通牒，德國人應該撤兵。

瑪格麗特守在收音機旁翹首以待，但希特勒拒絕撤兵。這是瑪格麗特記憶中自己青年時期唯一沒有去教堂的一個星期天。內維爾‧張伯倫從唐寧街 10 號的內閣辦公室現場播出命運攸關的談話。

他告訴人們：戰爭開始了。

此後的一個傍晚，瑪格麗特與父親一起散步，她問父親：「什麼時候才能結束戰爭呢？」

父親憂慮地說：「戰爭是不以人的意志為轉移的，誰都不知道它什麼時候結束，怎麼結束，但有一點是沒有疑問的，那就是我們一定會勝利。」

西元 1941 年 10 月，正當瑪格麗特為進入薩默維爾學院努力時，突然意外地收到一封電報，薩默維爾學院說由於有一位新生沒有去註冊，可以給她提供一個位子。

父親羅勃茲大力支持瑪格麗特的理想，他為此專門為她請了拉丁語教師。瑪格麗特的學習異常刻苦，她透過死記硬背，成功地在幾個月內學完了五年的拉丁語課程，終於拿到了打開牛津大門的鑰匙。

在牛津大學埋頭苦讀的樂趣

　　西元 1943 年，羅勃茲先生將 18 歲的小女兒瑪格麗特送到牛津大學讀書。瑪格麗特是羅勃茲家族裡第一個上牛津、劍橋的人。

　　牛津是與劍橋齊名的高等學府，牛津也是培養政治家和優秀人才的搖籃。英國歷史上 50 位內閣首相就有 24 位畢業於牛津大學。

　　瑪格麗特是在隆冬的嚴寒中到薩默維爾去參加牛津入學考試的。在第一個學期的生活開始之前，瑪格麗特對前去就讀的學院幾乎沒有什麼印象，對整所大學的全貌更談不上什麼了解。她來到薩默維爾，開始了第一學期的生活，很想家，對新環境了解不多。

　　薩默維爾常會使人感到震驚。對於它的外觀，最好的評語大概只能說是樸實了，很多不太好奇的人雖然從那裡路過，也許不知道那裡就是薩默維爾學院。但誰能想到，院子裡面竟是一大片碧綠的草地，四周的房子相對而立，掩映成趣。

　　戰爭對大學生活的影響很大，最明顯的表現就是對於瑪格麗特這些只有十七八歲的年輕人來說，年齡上只要長一歲，無論在觀點還是在成熟程度方面都會有很大的差異。

　　牛津和薩默維爾雖未直接受到戰爭影響，卻都深深地刻上了戰爭的烙印。儘管附近的考利有一家發動機廠，後來又成為一個飛機修理中心，但不知為什麼，牛津從未遭到過轟炸。

不過像其他地方一樣，整個城鎮和學校都實行了燈火管制，而且受到戰時物資匱乏的種種影響，配給學生的東西多數直接發放到學院。

　　在前兩年裡，瑪格麗特住在學校裡，又從格蘭瑟姆帶回一隻舊扶手椅，這些東西多多少少讓她感到那些房間是屬於自己的。在第三年和第四年，瑪格麗特和兩個朋友合住在華爾頓街。

　　瑪格麗特很少應邀出去吃飯，但還是感到餐廳的伙食平淡無味。有時她會拿剩下的一點餐券買些果醬和其他東西。她不再往茶水裡加糖了，正是這種簡樸的生活，為她的健康和身材帶來了一點小小的好處。此外，使用熱水也都有嚴格的限制，例如：規定浴缸裡的水不得超過五英吋。

　　瑪格麗特是羅勃茲家族裡第一個上牛津、劍橋的人，儘管她的父母不露聲色，但她知道他們為自己能上牛津深感光榮。

　　入學前，瑪格麗特對牛津大學的了解遠不及同齡人。但瑪格麗特認為牛津就是最好的，如果自己真想有所作為，那麼牛津就應是自己始終如一的追求，沒有必要降格以求。本地的一所諾丁漢大學也是出色的學校，而且它的理科方面相當不錯，但瑪格麗特從不為它所動。

　　牛津大學對瑪格麗特還有一種吸引力，那就是它的學院制度。牛津大學由若干學院組成，但大學也有一些中心機構，比如博德利圖書館。

　　那時大學生的生活主要在學院內，其次是其他一些機構，比如：教堂和社團，而這些機構又有它們自己的天地。與其他學科的學生不同，作為一名理科生，瑪格麗特的日常活動自然更多地

在牛津大學埋頭苦讀的樂趣

穿梭於學院的眾多機構和設施中間，比如：化學實驗室。

從西元 1944 年開始，牛津的氣氛隨著因傷病退役的軍人的歸來再次發生了變化，他們或是來完成一個縮短的戰時學位，或是開始一個完整的學位。這些軍人有太多的經歷，在校的學生對此望塵莫及。

起初瑪格麗特是自我封閉的。在這種全新的環境裡，瑪格麗特感到羞怯和無所適從。她依然堅持在格蘭瑟姆的習慣，獨自長時間散步，環繞基督教堂草坪，穿越大學公園，沿著查韋爾河或泰晤士河而行，享受獨處的樂趣，陶醉於萬般思緒之中。不久，她便開始能夠體會牛津的生活樂趣了。

瑪格麗特在牛津的前幾年恰逢戰爭接近尾聲，隨著戰爭結束和軍人復員，牛津成了一個各種觀點和經驗的交匯地，這讓瑪格麗特受益匪淺。

牛津娛樂活動的節奏加快了，8 槳划船比賽又恢復了，瑪格麗特去河邊觀看過比賽。

瑪格麗特第一次去跳舞，有時甚至喝一點酒，第一次抽了香菸，儘管不怎麼喜歡，雖然她知道如果堅持吸下去的話就會品出味道來的。瑪格麗特決定不吸菸，把錢省下來每天買《泰晤士報》。

她在老劇場和新劇場觀看契訶夫和莎士比亞的戲劇。她還觀看過一次精彩的牛津大學戲劇社的演出，是在學院花園上演的，由牛津當時的時髦人物肯尼斯·泰南主演。

瑪格麗特的牛津生涯本來可以更豐富多彩些，但她不富有，而且若不是她的導師、總是樂於幫忙的化學家桃樂絲·霍奇金向

學校建議，使她得到一點獎學金，她就將入不敷出。瑪格麗特還得到一些教育基金的幫助。

如果當時瑪格麗特願意承擔一些教學任務的話，她會從這些機構中獲得一筆額外的收入。但她知道自己並沒有從教的天賦，她確信好的老師需要有一種天賦，而大多數人根本不具備這種素質。

來到牛津的瑪格麗特埋頭學習。在第三學年裡，她與另一位同伴合作寫的論文獲得了基可爾迪論文獎。這是一項標誌著一定學術水準的論文獎，非一般學子所能及，因而也就沒有人敢於蔑視得主。

桃樂絲・霍奇金致力於調光晶體學的研究，這又是一個比較新的領域。擁有這樣一位有才華的科學家和天才的教師，對學院來說是一件幸事。

霍奇金夫人是皇家學會的會員，後來為第一種抗生素盤尼西林分子結構的發現做出了決定性貢獻，為此她獲得了西元 1964 年的諾貝爾獎。

在瑪格麗特大學生活的第四年和最後一年，由桃樂絲・霍奇金指導，瑪格麗特與一位德國流亡者格哈德・施密特一起研究簡單的蛋白質短桿菌肽 B，這是修完第二部分化學課程所必需的研究項目。

宗教在瑪格麗特的牛津生活中也扮演著相當重要的角色。很多年輕人進入大學後，一方面由於接觸了無神論，一方面可能出於不太好的原因，從而失去了他們的信仰，這種故事非常多見。但瑪格麗特卻從未感到過類似的危機。

在牛津大學埋頭苦讀的樂趣

衛理公會在信仰方面給了瑪格麗特一隻穩固的船錨，當然，還讓她有了很多社會關係和朋友，這些人都有著與她相同的世界觀。

星期天，瑪格麗特通常會去衛斯理紀念教堂做禮拜。像格蘭瑟姆小鎮一樣，那裡有一種既溫暖、冷靜而又令人感到快樂的社會生活氛圍。初來乍到，身處一個多少有些陌生的環境，這種氛圍更讓瑪格麗特覺得親切和值得珍惜。

這所教堂裡有個非常活躍的學生聯誼會，星期天晚上做禮拜之後，通常會在牧師家裡舉辦一個大型的咖啡晚會，同時也會就宗教或者其他問題進行熱烈的討論。偶爾瑪格麗特也會去牛津大學的聖母瑪麗亞教堂，聽一場別有趣味的布道。有時，瑪格麗特也去學院的小禮拜堂，如果聽說是海倫‧達比希爾小姐布道，她就一定會去的。

在宇宙俱樂部和科學俱樂部，瑪格麗特也遇到過其他嶄露頭角的年輕科學家，聽過很多知名科學家的講座。其中包括伯納爾，他的政治觀點與當時很多科學家相近。但是他們從未幻想過把他們的政治觀點帶入師生關係之中。

熱衷於校園政治活動

　　牛津大學是培養天才的搖籃。來到牛津大學之後，瑪格麗特在參加政治活動的過程中，也認識了一些朋友。這使她的眼界大開，接觸到格蘭瑟姆不可能接觸到的政治活動。

　　此時第二次世界大戰已經打了兩三年。戰爭的煙火瀰漫著整個倫敦的上空，學院到處是反對納粹的呼聲。瑪格麗特沒有置身於政治之外而專心地鑽進象牙之塔，相反卻非常活躍地加入了保守黨協會的活動。這與她父親的生活方式、思想作風和保守主義傾向有很大的關係。

　　在牛津大學，很少有人像瑪格麗特那樣把自己的一半時間花在協會工作上。由於她的獻身精神、出色的工作能力和非凡的組織才能，與雄辯的口才，到了第三學年，她就成為牛津保守黨協會的主席，並直至大學畢業。

　　這和當時牛津大學尚將女子排斥於牛津聯合會的時代極不吻合，而且是牛津歷史上的頭一回。這並非牛津的才子們甘拜下風，而是協會裡事實上無人能勝過瑪格麗特的必然結果。

　　保守黨的很多重要人物常常去牛津的協會演講，演講前瑪格麗特總是以牛津大學保守黨協會主席的身分在飯店宴請他們。

　　那時，儘管瑪格麗特才 20 歲出頭，但她常常以極其自信的外貌和純然坦蕩的方式來接待她的上司們。

　　在宴會中，她總是抓住時機恰如其分地，在自己扮演的角色中淋漓盡致地施展自己的才能，並善於控制和掩飾自己所有的感情。

熱衷於校園政治活動

由於瑪格麗特在牛津大學的名聲，西元 1945 年大選前夕，格蘭瑟姆保守黨候選人喬治·沃茲專門寫信給瑪格麗特，特邀她利用暑假回去作為他的代理人參加競選。瑪格麗特出色地完成了代理人的任務。

無論在和平時期還是戰爭時期，學生對國家的主要貢獻都莫過於刻苦學習，獲取知識，而不是想入非非，得隴望蜀。但瑪格麗特還是想盡量多做一些實事。

每週一兩個晚上，她去卡法克斯的軍隊餐廳服務。來自附近的福德基地的英國士兵和美國航空兵是軍隊餐廳的常客。

瑪格麗特在最後一學年認識了威廉·李斯·摩格。他早年就已成為《泰晤士報》的知名編輯。

瑪格麗特與威廉的關係始終不如同愛德華那麼密切，這個人讓人覺得他拘謹的外表下透出某種堅毅，似乎生來就屬於高貴的人。

聞名遐邇的自由黨人羅賓·戴同愛德華是牛津學生會的頭等人物。瑪格麗特和他後來在同一個律師事務所工作過。

另外一位明星人物是托尼·本。那時他仍然使用他的全名尊稱：尊貴的安東尼·韋奇伍德·本。瑪格麗特和他的意見總是相左，但他辯論時總是彬彬有禮，言辭有力。

不過他與瑪格麗特共同的宗教根源使他們之間存在一定的互諒。托尼當選學生會主席時，瑪格麗特還應邀去參加了慶祝會。托尼嚴守新教教規，慶祝會沒有準備任何酒。

瑪格麗特作為牛津大學保守黨協會的一名幹事，自然而然地參與了西元 1945 年的大選活動。在牛津，她忙於牛津市下院議

員昆廷‧郝格的競選活動。

　　像牛津大學保守黨學生會的很多成員一樣，瑪格麗特聽了保守黨中央總部的斯特拉‧蓋特豪斯夫人講的關於公眾演講的課。她強調表達要簡明，盡可能少用專業術語。

　　其實在選舉會議上，當你從來不知道候選人到達之前你要發言多長時間的時候，有時喋喋不休是很有用的。

　　但是，對瑪格麗特個人來講，最有價值的經歷還是當一個富有幽默感但又挑剔的聽眾提問時，這時她不得不獨立思考答案。

　　有一次，一位老人在這樣的會議上給瑪格麗特提出了一個問題，這個問題在很長時間裡影響了瑪格麗特對福利問題的看法。

　　老人問道：「就因為我節省了一點自己的錢，就不給我『援助』。如果我把錢都花光，他們就會幫助我了。」

　　對於一個新福利國家，這是一個早期警告。這個警告不久就要擺在政治家的面前。

　　保守黨支持的候選人失敗了，瑪格麗特感到很震驚也很難過。她回到格蘭瑟姆「電影院」，在螢幕上看到更多的結果顯示出來，情況並沒有好轉。這使瑪格麗特感到痛苦和迷惑。

　　西元 1946 年 3 月，瑪格麗特成為牛津大學保守黨協會的司庫，同月晚些時候作為牛津大學代表之一，出席了在倫敦的瓦爾多夫飯店舉行的保守黨大學生聯合會的會議。這是瑪格麗特第一次參加這樣的會議，她非常高興。

　　瑪格麗特講話支持更多的工人階級出身的人士，參與大學的保守黨政治活動，她感到人們有必要丟棄那些令人感到沉悶的、謹慎小心的保守黨觀念。

熱衷於校園政治活動

她說：「我們都聽到了關於這個時代是普通人的時代的論調 —— 但是請不要忘記也需要非同尋常的人。」瑪格麗特想或許本來還可以加上「婦女」兩字。

西元 1946 年 10 月，瑪格麗特當選牛津大學保守黨協會主席，成為第三位擔任該職位的婦女。那年夏天，瑪格麗特通過了期末考，並開始了四年級的爭取化學學士學位的研究工作，因此，她有較多的時間參加政治活動。

瑪格麗特平生第一次出席了那年在布萊克普爾市召開的保守黨年會。她立即被吸收入黨。

在格蘭瑟姆和牛津，成為一名保守黨員令人感到不同尋常。而現在瑪格麗特突然置身於有著與自己同樣的信仰，和對談論政治有著永不枯竭的熱情的數以百計的人們中間，心中感到萬分激動。

西元 1945 年 8 月 6 日，瑪格麗特從廣播新聞中得知美國在廣島投了一顆原子彈。在此之前，人們知道自己正處在獲得大規模殺傷性武器技術突破的前夕。

瑪格麗特自己的學習科目以及與科學研究成果的實際應用有關的問題，對她產生的吸引力，這也許意味著她比大多數人更知道原子彈製造，可能導致的事態發展。

瑪格麗特曾在美國出版的《用於軍事目的的原子能》一書中，看到非常充分的闡述。然而，儘管它可能是些老生常談，可她一聽到關於日本廣島的最初報告，就立刻意識到隨著原子彈的出現這個世界就變樣了。

瑪格麗特當天晚上在由布萊克普爾乘火車回家的路上，對此事進行反思，後來又看到有關的大規模毀滅的報導和照片。

然而這些都未使瑪格麗特對使用原子彈決策的正確性產生懷疑。她認為使用原子彈的決策基本上是正當合理的。這主要是因為如果由盟軍襲擊攻占日本本土，就不可避免地要帶來人員的傷亡損失。

　　西元 1945 年，瑪格麗特畢業於英國著名的牛津大學薩默維爾學院，學習成績優異，獲化學學士學位。

　　在從牛津畢業之際，瑪格麗特對大千世界尤其是政治方面的情況已知較多。

　　瑪格麗特的性格依然如故，信仰也一如既往，但她更明了如何處理與他人的關係，及他人的雄心和意見。簡言之，瑪格麗特長大了，她找到了自己此生真正想要去做的事情。

　　在大學生活即將結束之前，瑪格麗特回距格蘭瑟姆 16 公里的小村考比格倫參加了一場舞會。散場後，她同一些朋友在自己住處的廚房裡喝咖啡，品嚐三明治。像之前一樣，瑪格麗特談起了政治。

　　瑪格麗特所談的某些內容，或者說是談論時的方式，引起了一位男士的發問：「你希望真正成為一名議員，是嗎？」

　　「對，那正是我想要做的。」瑪格麗特幾乎不假思索就作出了回答。她以前還從未這樣說過。

　　如果說進入牛津大學是一個驚喜，那麼離開牛津大學就是另外一種震驚了。在牛津，瑪格麗特結交了很多志同道合的朋友，她樂此不疲地在化學領域裡探索，熱衷於校園政治。可是要告別這一切的時候，還真是一種痛苦。

　　咖啡座談的這天晚上，瑪格麗特思緒萬千，難以入眠。

競選達特福德區議員

　　牛津大學為幫助應屆畢業生找到合適的工作，新成立了一個職業介紹委員會，該委員會安排瑪格麗特參加了幾個公司的面試，其中之一是帝國化學公司在北方的一家工廠，地點是在比靈赫姆。

　　幾位經理對這些畢業求職者進行面試，並寫下了書面意見，交給總經理。總經理最後又對他們進行面試。

　　在接受面試時，瑪格麗特發現經理們給她寫的評定意見放在桌子上，就忍不住從桌子對面偷看一眼。這些評價有的令她鼓舞，有的令她不安。一位經理寫道：「此女子個性太強，不宜在此工作。」

　　瑪格麗特一共參加了三四次這樣的面試，雖然均未成功，但她很喜歡這樣的考試。不僅僅是因為自己被帶入了一個新的工作世界，還在於那時的主考者均彬彬有禮，樂意傾聽每個人講述他們個人的抱負和憧憬。

　　最終，瑪格麗特被一家塑膠公司的研究開發部錄用，該公司就在科爾切斯特附近的曼寧特裡，生產一系列工業用和民用塑膠產品，包括膠卷。

　　很少有人喜歡一項新工作的開始階段，瑪格麗特也不例外。當初她同該公司負責人面談時，她就理解自己的職務大概是研究開發部主任的私人助理。瑪格麗特之所以想得到這個職位，就是

因為她想透過這個職位更多地了解公司是如何運作的，並施展自己在化學知識及其他方面的才能。

可是，當瑪格麗特報到上班時，她就穿上了白色工作服，一頭埋進了那豐富多彩的塑膠世界裡。

研究與開發部作為一個獨立的部門剛剛成立，萬事起頭難。瑪格麗特很快就有了一兩個朋友，一切變得容易多了。她的上司幫助她度過了這個難關。

研究與開發部也已搬到勞福德附近的一幢相當漂亮的房子裡。像公司的很多其他人一樣，她也住在科爾切斯特。

瑪格麗特越來越喜歡這個小鎮，她在鎮上找到了舒適的住處，班車每天接送上下班。

同以前一樣，瑪格麗特還是離不開政治。工作後，她立即加入了當地的保守黨協會，積極參與黨的各種活動。

她特別喜歡參加一個叫三九四五討論小組的活動。在那裡，參加過「二戰」的保守黨人聚在一起，互相交流看法，針對當時各種政治話題各抒己見。瑪格麗特也盡可能地與一些如愛德華‧博伊爾那樣的老朋友保持聯繫。

有一次，瑪格麗特參加完了一次討論會後，同別人探討起未來想做什麼的問題。年輕人經常談起這樣的話題。一位牛津時的朋友約翰‧格蘭特說他認為瑪格麗特將來會當一名議員。「嗯，是的。」瑪格麗特回答。

那時，保守黨協會正在物色一名候選人。

當時有人提議：「有個年輕婦女，瑪格麗特‧羅勃茲，你們

也許可以見一下面，她真不錯。」

回應的人說：「是嗎？但達特福德是一個工業重鎮，我想選一個婦女恐怕不行。」

提議者認為還是可以先見見她。就這樣他們同意與瑪格麗特在星期六見面。

這天，瑪格麗特應邀前來，與達特福德婦女協會主席弗萊徹夫人，在蘭多諾碼頭餐廳共進午餐。弗萊徹夫人大概對一位婦女成為達特福德議員候選人持有異議。雖然如此，他們對見到的瑪格麗特還是喜歡的，瑪格麗特跟他們也很談得來，後來成了親密的朋友。

弗萊徹夫人很有風度，瑪格麗特很快對她產生了一種敬慕之情。午餐後，她們沿著碼頭走回會場，找個好座位，聽黨的領袖溫斯頓．邱吉爾發表演講。

大會開了一週了，瑪格麗特還是第一次見到邱吉爾。那時，黨的領袖並不出席年會，只是在星期六的最後集會上露個面。自然，邱吉爾講話的重點是外交事務。

西元 1948 年，瑪格麗特在一次保守黨會議上結識了肯特郡達特福市保守黨協會主席約翰．米勒。米勒鼓勵她報名參加保守黨達特福選區的競選。瑪格麗特經過努力，在西元 1949 年 3 月，正式成為保守黨的議員候選人。

瑪格麗特在一次電力公司大廈舉行的選舉演講會上，發表自己的政見指出：抨擊工黨的經濟政策，特別是統購政策；堅決主張減低稅收；強調「帝國特惠制」是保守主義的柱石。

在 8 月 6 日的群眾集會和 9 月在愛德華・希思的選區貝克斯和鄰近的婦女午餐俱樂部裡，瑪格麗特在演說中再次強調保守黨的一貫路線，特別強烈地抨擊了國有化。

透過這幾次演說，瑪格麗特在選民中亮了相，使人們了解到她政治思想的若干基本點。從這時起，柴契爾夫人的政治見解已經在萌芽了。

西元 1950 年選舉，瑪格麗特的對手是工黨候選人多茲。參選這天，聯合大廳被擠得水泄不通，瑪格麗特從名不見經傳的大學生，變為達特福區的保守黨候選人，雖然第一輪競選敗在多茲的手下，但是給人們留下了鮮明的印象。選民們繼續推舉她為候選人，還送給她一枚礦石胸針，以示同情。

瑪格麗特立即投身於第二輪競選，她到處發表演說。其內容囊括了國家的各方面問題，如：戰爭與和平問題、住房問題、養老金、帝國特惠制、伊朗政府宣布英伊石油公司收歸國有、英國企業的國有化和私有化問題等，但瑪格麗特仍然沒有拿到達特福區的席位。

一個政壇的陌生人、涉世不深的青年女子，在複雜的政壇初試鋒芒，畢竟還顯稚嫩。雖然報界出於好奇，也說了不少好聽的話，但是要取得政治界的普遍承認，還需要一段路程。

與丹尼斯的幸福婚姻

　　正當瑪格麗特以新女性的形象在政壇嶄露頭角的時候，丹尼斯‧柴契爾先生進入了她的生活。

　　丹尼斯‧柴契爾出身富有之家，父親繼承祖業並在此基礎上發揚光大，開辦了一家油漆化工品的大公司。那時丹尼斯33歲，比瑪格麗特整整大 10 歲。

　　丹尼斯‧柴契爾在第二次世界大戰中曾在法國、西西里島和義大利本土作過戰，得過帝國勳章和通報嘉獎。戰後退役，丹尼斯做了埃里斯油漆公司的常務董事。

　　丹尼斯‧柴契爾雖然也是衛理公會教徒，但他卻不像正統的衛理公會教徒們生活得那麼簡樸和古板。

　　丹尼斯‧柴契爾講究排場，生活闊綽，在倫敦有自己的豪華公寓，還有一輛豪華型小轎車，而且埃里斯油漆公司就設在達特福選區，因而他和該區的保守黨人混得很熟。

　　也是事有巧合，那天晚上他的朋友請他協助籌辦歡迎瑪格麗特的宴會，丹尼斯當然也亟欲一睹這位女候選人的風采。

　　一見之下，果然不凡，瑪格麗特那幹練、剛毅、整潔、美麗的形象，給這個有過婚姻挫折的中年人留下了深刻的印象。

　　當然，丹尼斯出身不俗，經濟基礎雄厚，在生意場上成就不錯，加上高大英俊、一表人才、舉止儒雅、氣度雍容，也正是瑪格麗特小姐的意中人。

唯一使瑪格麗特小姐為難的是丹尼斯的身分，有悖於她和她一家人所崇奉的衛理公會教義。

　　早在西元 1938 年，丹尼斯參加皇家部隊。第二年「二戰」爆發。西元 1942 年他與一位漂亮的姑娘結婚，由於戰爭，他們始終未能生活在一起。6 年後，他們的婚姻破裂。他的第一任妻子後來說，他是她見過的最和藹的男人。

　　丹尼斯不願提起這段往事，尤其是在娶了瑪格麗特·柴契爾之後。要強的瑪格麗特任何事情都不願做第二，婚姻上也是如此，直到兒女們長到 23 歲，她才把這件事告訴孩子們。

　　西元 1943 年丹尼斯的父親去世後，憂鬱的他隨部隊去了西西里。在那裡，他養成了喝酒的習慣。西元 1946 年，他以上校軍銜回到家族公司任經理。公司已轉為製造塗料和清洗劑。他並不喜歡他的工作，但忠於職守，直至擔任國家塗料聯盟委員會主席，還與人合寫這方面的書。

　　經過一番猶豫，瑪格麗特終於痛下決心，接受了丹尼斯的愛情，並在西元 1951 年大選這一天舉行了訂婚儀式。

　　西元 1951 年 12 月 13 日，瑪格麗特·羅勃茲小姐與丹尼斯·柴契爾先生結為伉儷，婚禮是在倫敦城市一座雷威斯小教堂舉行的。

　　參加婚禮的多數是新郎和新娘的保守黨朋友，還有丹尼斯的寡母和未婚妹妹，以及瑪格麗特的媽媽和姐姐。

　　婚禮之後，柴契爾夫婦前往葡萄牙、西班牙和法國度蜜月。這是新娘有生以來的首次出國，陶醉、歡愉之情不在話下。他們

與丹尼斯的幸福婚姻

一起坐水上飛機的經歷，多年後柴契爾夫人談起來還很激動。

瑪格麗特成為柴契爾夫人和選擇 13 號結婚，不僅是對「數字 13 恐懼症」的義無反顧的挑戰，也是對傳統教條的一種反抗。我們與其說她同丹尼斯的結合是超越世俗偏見的壯舉，不如說是為了迅速達到政治目的，而尋求金錢婚姻的結果。

瑪格麗特和丹尼斯從相識到結婚，期間經過了兩年時間。柴契爾夫人曾說：「我的婚姻是幸福的」。結婚之後，瑪格麗特立即遷居倫敦，辭去了她在萊昂斯公司的那份工作，開始潛心攻讀法律了。丹尼斯每天開車 83 公里去上班，早出晚歸，薄利多銷的營銷策略使他的生意越做越大。

瑪格麗特有了溫暖的家，有了丈夫在精神與物質兩方面的全力支持，她可以專心致志地去從事自己的事業了。瑪格麗特對此毫不隱諱，她經常對人說：「丹尼斯用金錢幫助我走上了成功之路，我對他充滿感激之情。」

初為家庭主婦，瑪格麗特不得不調整自己的角色：既要白天去法律教育理事會聽課，或去圖書館翻閱資料，撰寫論文，又要晚上回家做飯，做家事，裝飾居室，而且做得很盡心、投入，也做得很好。

婚後，柴契爾夫人既要操持家事，又要讀法律課程，曾想暫停政治生涯，但又割捨不下，便問丈夫怎麼辦。

婚後兩年，當柴契爾夫人產下一對雙胞胎時，距離法律課程的結業考試僅有三個月。

瑪格麗特請了一個奶媽照看嬰兒，硬是咬牙通過這次結業考

試，取得當律師的資格，而且當上稅務法官議事所的見習律師。

　　按照規定，取得法學文憑或通過法律教育學會考試的人，必須在法律事務所實習一段時期，一般為半年。此外，見習人員還得交上一筆錢，好在有丹尼斯的經濟支持，這都不成問題。她遇到的麻煩主要是律師界對婦女的歧視。

　　稅務法官在英國一向是男士「一統天下」，柴契爾夫人硬是一腳闖進了這一禁區，以特有的頑強精神、果斷的處事能力和高效的工作方法，很快就進入狀況，負責稱職，而且還打贏了一場官司。

　　到最後瑪格麗特離開這家事務所時，她已給同事們留下了良好的印象。

　　在牛津大學畢業 7 年之後，瑪格麗特終於在西元 1954 年如願以償，進入了新廣場 5 號的林肯協會稅務事務所，開始做正式的開業律師。

　　此後，柴契爾夫人便永遠告別了化學實驗室，跨入了法律、政治界。她的青春和精力已化作了一塊堅實的攀緣基石。

　　在西元 1954 年，即她進入林肯協會稅務事務所工作前的一年半之內，她曾轉換了三個法律事務所。當柴契爾夫人從刑法和習慣法事務所轉到稅收事務所時，也遭到不少非議。

　　人們認為稅收事務是男人的領地，是男人才使它維持到今天，像柴契爾夫人這樣有兩個小孩的媽媽，更不應該涉足此地，而應回家去為孩子洗尿布。可是，柴契爾夫人卻認為：「好女一旦與男人平起平坐，她們將會勝過男人。」

與丹尼斯的幸福婚姻

　　柴契爾夫人在法律事務所工作至西元 1961 年，而她的名字直至西元 1969 年，才被人們依依不捨地從辦公室的牌子上取下來。

　　不過，柴契爾夫人在做律師的同時，她的目光始終沒有離開過西敏宮 —— 英國議會所在地。她當律師的唯一目的，是要鍛鍊自己，為最終進入議會做賽前熱身準備。

　　這一時期的柴契爾夫人並沒有把自己的主要精力放在律師事務上，而主要是為能進入下議院而上下求索。

　　她那滔滔不絕的雄辯和她對保守黨內外政策的嫻熟，都充分表明她已是，這一歷來歸屬於男人的政治舞臺上當之無愧的演員，成為初露鋒芒的女政治活動家了。

　　從西元 1950 年競選達特福區的議會席次開始，經過十年的艱苦奮鬥，34 歲的瑪格麗特·柴契爾夫人總算如願以償，並且以芬奇利區為基點，已隱約看見自己那鋪滿玫瑰，和紅地毯的光明前途了。

邁出通向議會的第一步

西元 1950 年選舉到來之前，保守黨的力量開始恢復。

它強調了通貨膨脹的後果、經濟管理混亂、浪費及官僚主義的情況。瑪格麗特對宣言關於外交政策的，明快的表述特別滿意。

在競選運動的那幾週裡，瑪格麗特感到非常疲憊。對她來說很多事情都是新的，而且新手總是缺乏後援。她常常在白天找時間準備晚上的演講稿，還要給選民寫信，爭取支持。

大多數下午的時間都是用來上門遊說，有時候用大喇叭來宣講。在當時，婦女候選人大多是不去工廠遊說的。但瑪格麗特去了，工廠內外都去過，總是受到比較熱烈、有時也頗為嘈雜的歡迎。

瑪格麗特接受了一個候選人諾曼‧多茲提出的，與她在當地的文法學校的大禮堂進行辯論。兩人先後分別致詞，然後回答提問，最後分別說結束語，各方都有自己的支持者。

競選運動期間，他們又進行了一次同樣精彩的難分勝負的辯論。大家只就有關問題和事實進行辯論，而不進行人身攻擊，這使辯論很有意思。

瑪格麗特的公眾集會總是人很多。由於人數眾多，在大會開始前 20 分鐘就把會場的門關上。作為一個女人，人們對她表現出了基本的禮貌，她就抓住機會並且利用這個優勢。

邁出通向議會的第一步

有一次，瑪格麗特到選區的某地參加一個公眾集會，發現在集會上講話的前空軍部長貝爾福勛爵，受到某些提問者的非難，場面有些混亂，大家準備去請警察來幫忙，但她告訴組織者不要讓警察來了。

不出所料，瑪格麗特一登上講臺開始講話，臺下的騷動開始減弱，基本上恢復了秩序。

瑪格麗特的候選活動受到了國內甚至國際媒體的關注。她這時只有 24 歲，是參加西元 1950 年競選運動的最年輕的婦女候選人。這本身就是大家談論的話題。

有的報社請她就婦女在政治中的作用寫文章。她的照片刊登在《生活》雜誌及《倫敦圖片新聞》上。《倫敦圖片新聞》是很多從政的大人物常讀的報紙，她的照片也登在了西德的報紙上，他們稱瑪格麗特為「富有魅力的小姐」。

瑪格麗特在競選中杜撰了兩個口號，不怎麼含蓄，十分直截了當。一個是口號是：「投右派的票，保住剩下的東西。」

另一個更有針對性：「不要腐朽，趕走無能。」

這些口號，鮮明地體現了瑪格麗特講話從不大談意識形態的一貫風格。

在西元 1950 年的選舉中，保守黨仍未取得勝利，但這個結果並不是事物的終結。在最初的興奮過後，這種結果使有關的人們感到十分掃興。

瑪格麗特已經極其疲憊。她早就決定搬到倫敦去，於是她在倫敦皮姆利科的聖喬治廣場公寓租了一套不大的房子。瑪格麗特

學會了開車，並有了自己的第一輛車。

西元 1951 年 10 月，又一次大選開始了。這次，瑪格麗特將工黨議員諾曼・多茲的優勢減少了 1,000 張票。當得知保守黨現在在議會擁有比工黨多 17 個議會席次的優勢時，她欣喜若狂。

在個人問題上，柴契爾夫人一直認為，只要婚姻是幸福的，居住環境又舒適，作為一個已婚年輕女人總是一件快樂的事情。柴契爾夫人的家裡時常舉辦聚會，也參加別人的晚會，生活得很快樂。

西元 1953 年 6 月，伊麗莎白女王登基了。柴契爾夫人和丈夫都是君主制的衷心支持者，他們目睹了這一盛典。這年 8 月，柴契爾夫人的雙胞胎兒女馬克和卡洛兒降臨人間。

媽媽對孩子的愛可能是最強烈、最本能的感情。在當時，很多人把做一個媽媽或做一個家庭主婦，看作是兩件重要的事情，但是柴契爾夫人卻不是這樣的人。她認為，做一個媽媽及家庭主婦是某種高尚的天職，但不是唯一的天職。

婦女應該擁有自己的事業。她經常引用泰恩茅斯的議員艾琳・沃德說過的一句話：「家庭必須是一個人生活的中心，但是一個人的抱負不應侷限在家的範圍內。」

她確實需要有個事業，因為很簡單，柴契爾夫人就是那一種人。而且她希望她的事業是一種能使她保持思維敏捷，並能為她的政治前途做準備的事業，她相信自己完全適合從政。

柴契爾夫人既要做一個媽媽，又要做一個專業的職業婦女。為此，她得安排好時間。當時她和丈夫生活在倫敦，丈夫在倫敦地區工作，議會也在倫敦。

邁出通向議會的第一步

　　很明顯，她必須找一個在倫敦的或倫敦附近的選區。正是綜合以上這些不太尋常的情況，柴契爾夫人才決定孩子雖小，但仍可考慮當議員。

　　有了雙胞胎後不久，有一天約翰·黑爾從中央總部寫來了信給柴契爾夫人：

> 我很高興獲悉你生了雙胞胎。這將對你作為一名候選人產生什麼影響？我已高興地把你的名字列入候選人名單，如果你不希望我這樣做，請告訴我。

柴契爾夫人回信表示感謝並寫道：

> 我出乎意料地生了一對雙胞胎，此前我們從未想到會有兩個孩子。我想我最好至少在六個月內不考慮當候選人。家裡需要重新組織一下，還需要找一個可靠的保姆，然後我才能放心地去做別的事。
>
> 因此，我的名字，像約翰·黑爾所說：「暫時冷藏起來」，什麼時候再列入候選人名單由我來做決定。

　　柴契爾夫人自己劃定的六個月的政治過渡期很快過去了，她也已經通過了律師最後考試。在律師事務所的學習、觀察、討論及最終從事的法律工作，對她的政治觀產生了巨大的影響。

　　熟悉法律使她更加深刻地理解「法治」的意義。事實上，「法治」是保守黨人掛在嘴邊的一個詞。

　　如果政治已融入一個人的血液，任何事情都像是又把這個人帶回到政治去。柴契爾夫人的腦海中最重要的還是政治問題。

　　因此，當西元 1954 年 12 月她聽到奧爾平頓選區有候選人空

缺時，立刻給中央總部打電話，要求將她列入候選人名單，因為奧爾平頓與她的舊選區達特福德為鄰，離倫敦也不遠。柴契爾夫人參加了面試，並進入縮小的候選人名單。

西元 1955 年 4 月，邱吉爾辭去首相職務，由安東尼·艾登接替。接著很快發生了一連串事件。西元 1956 年 7 月至 11 月的蘇伊士運河危機是一個嚴重的政治性挫折。

英國在蘇伊士運河事件上大丟面子後，安東尼·艾登不能繼續擔任首相了。他在這場危機中患病，西元 1957 年 1 月辭職。柴契爾夫人所處的圈子裡很多人都在猜測誰會繼任首相，人們似乎在期待著保守黨領袖應運而生。

早在西元 1955 年 5 月的大選活動中，柴契爾夫人就到一些選區發表演講，這對她來說基本上是枯燥無味的事。但是一旦當過候選人，其他的事情就對她再沒有吸引力了。蘇伊士運河事件後，她重新加入到選舉的角逐之中。

柴契爾夫人一直相信自己會在政治上有所作為，她知道自己從政之路上遇到的很多人，都很希望她進入議會。另外，最重要的是丹尼斯對此沒有任何懷疑。丹尼斯總是安慰她、支持她。

1958 年 4 月，柴契爾夫人在中央總部與唐納德·凱伯裡進行了一次長談。她直言不諱地談到她作為一個婦女，遇到的來自選拔委員會的困難。

唐納德·凱伯說，在這種極其敏感的場合，應該穿得瀟灑，但不應太華麗。7 月，柴契爾夫人報名參加倫敦北部芬奇利選區議員的參選。芬奇利是保守黨有把握獲勝的選區。

邁出通向議會的第一步

柴契爾夫人對芬奇利不是特別熟悉，因此，她像其他的躍躍欲試想成為候選人的人一樣，開始去了解應該知道的一切。她下決心要比任何人更了解芬奇利。

像全國一樣，解除房租控制的問題在芬奇利是有爭議的。移民問題也剛剛開始成為政治上的熱點後，就引發了首次諾丁山騷亂。在芬奇利，經濟狀況及哪個黨將更有可能繼續提高生活水準、改善服務，肯定會是人們首先關心的問題。對以上所有問題，柴契爾夫人都有自己明確的看法，她知道她該說什麼。

柴契爾夫人在各方面做了她能做的最充分的準備。她自信地認為她了解這個選區，確信能夠對付即使很深奧的經濟和外交政策的問題，因為她已經認真詳細地讀過，所能蒐集到的所有報紙和有關資料。她認真熟悉講稿直到能一字不錯地背出來，她已經純熟地掌握了不拿講稿講話的技術。

同樣重要的是，柴契爾夫人應具有最佳的心理狀態，即自信但不自負。她決定遵照唐納德的指導，穿黑色外衣，戴上了幸運珍珠，也別上了達特福德的保守黨朋友們送給她的胸針。

7月14日的那個炎熱的夜晚，當柴契爾夫人進入已經擠滿了人的會議室，在協會主席身邊就座的時候，她竟然感到很孤獨。但只要她站起來講話，一切緊張感都蕩然無存。

像往常一樣，柴契爾夫人很快集中精力介紹自己的主要觀點，而不再擔心別人會怎麼想。演講過後坐下時，現場爆發出的掌聲似乎是熱烈和真誠的。

在第一輪投票中，柴契爾夫人獲 35 張票，與她最接近的對

手獲 34 張票。另外兩個候選人退出第二輪投票。在這一輪中，柴契爾夫人和對手分別獲 46 和 43 張票。

一般來講，下一步應該是為了做做樣子，或者表示沒有任何惡意，執行理事會應一致投票選她為候選人。但反對她做候選人的一部分人就是不願意這樣做，這就意味著她要把那些未掩飾不滿的人爭取過來。柴契爾夫人首先向在格蘭瑟姆的家人報告這個好消息。

8 月上旬，正式透過柴契爾夫人為候選人的會議，是她在整個芬奇利選區協會全體人員面前表現自我的第一次機會。這次，柴契爾夫人又穿了一套純黑色外套，戴一頂黑色帽子。選區主席為她做的介紹極盡讚譽之詞，幾乎讓人尷尬。

柴契爾夫人當上芬奇利候選人的時候，芬奇利的自由黨人已經十分投入地開展競選工作了，這引起很多保守黨人的擔憂。自由黨總是善於組織競選活動，他們在地方政府選舉中的工作更是有力。

幾年前在芬奇利，因為不允許猶太人進入當地的高爾夫俱樂部出了一件醜聞。有幾位保守黨人捲入了這個醜聞，自由黨就抓住一切機會向人們提起此事。

柴契爾夫人自己從來沒有反猶太主義的想法，她為保守黨因這一醜聞而名譽受損感到不安。同時，她也想到由於發生了這件事，保守黨未能爭取可能的支持者，因此她一開始就清楚地表明歡迎新黨員，特別是猶太人加入基層組織。

柴契爾夫人確信，只有把精力充沛的年輕人吸引過來，才能有把握對付十分活躍的自由黨的挑戰。

邁出通向議會的第一步

　　西元 1959 年 5 月分的地方選舉中，保守黨取得重大勝利成果。柴契爾夫人正在做最後的準備。10 月，柴契爾夫人在芬奇利參加的第一個投票日開始了。

　　她訪問每一個投票站及委員會辦公室，獲取些最新的逸聞趣事，然後去觀看計票現況。

　　一天凌晨，有人通知柴契爾夫人立刻要宣布芬奇利的選舉結果，要求她與其他候選人一起同選票報告員到臺上就座。當她坐在丹尼斯身邊時，她表情嚴肅，盡量不讓人看出自己的內心感覺。最後他們聽到：「瑪格麗特·希爾達·柴契爾：29,697 票。」

　　柴契爾夫人大獲全勝！

　　柴契爾夫人發表簡短致辭，接受選舉結果，感謝所有出色的支持者。丹尼斯熱烈地擁抱了自己的妻子。柴契爾夫人走下了臺。此刻，她已是芬奇利的當選議員了。

　　然而，在柴契爾夫人看來，通向議會的路是很長的。她知道，現在只是第一步。

出任內閣教育和科學大臣

　　西元 1959 年 10 月 20 日，柴契爾夫人作為國會議員，第一次嚴肅地走進了西敏宮。

　　當議員最重要的就是要發表演說，參加辯論，提出自己的動議。發言和提出動議案，往往是連著的兩個步驟，這對於擴大自己的名聲是必不可少的。

　　柴契爾夫人選定了「公共團體允許新聞記者參加會議的議案」，建議執行一直沒有實施的西元 1908 年法令，讓新聞記者能夠參加一些公務團體的會議。

　　這項動議比起那些重要的政治經濟問題也許顯得平淡了些，但是，它肯定會受到新聞界的歡迎。西元 1960 年 1 月下旬表決時，議案獲得了 152 票的多數，反對票只有 39 票。

　　第一炮打響了。

　　柴契爾夫人以議員身分在各種場合露面，就各種問題發表意見。她在下議院說，年輕人犯罪的現象很普遍，有的青少年只是為了暴力而玩弄暴力，以報復他人為樂趣。

　　她主張對這些罪犯施以嚴刑。她還忙於應付各報刊的記者，對小到怎樣過聖誕節，大到原子武器問題發表意見。她向婦女說提高女權問題，為募集救濟盲人基金向社會發出呼籲，就某個地區學齡前兒童的福利問題陳述意見，為少年時裝展覽會揭幕式剪綵，同其他議員一起走遍全國，宣講她的主張。

出任內閣教育和科學大臣

電視螢幕上時常出現柴契爾夫人的影像，廣播節目裡時常播出她的聲音，報紙經常刊登她的照片。在英國這樣的社會裡，要成為人人都知道的人物，這些過程是必經之路。

西元 1961 年 10 月，哈羅德·麥克米倫改組內閣，選中了柴契爾夫人入閣接替帕特里夏·霍恩斯比·史密斯夫人，出任「生活津貼和國民保險部」的政務次官，相當於副部長。

這是柴契爾夫人第一次應邀入閣，從而開始了前座議員的政治生涯。這個職位，是很多在議會任職多年的男議員，都望塵莫及和無緣獲得的殊榮。

議員與政府成員不一樣，前者發表意見的主動權要大得多，可以隨意說三道四。而政府高級官員則必須在議會作證，接受議員們特別是反對黨議員們的質詢和責難，並對各式各樣的問題作出切中要害、無懈可擊的回答或辯論。

這也是她在政府中擔任的第一個職務，除了負責部裡的日常工作，協助大臣制定有關政策外，她還充分發揮了記憶力好、善於辯論的特長。

在下議院的一次辯論中，柴契爾夫人為了說明政府在這方面所做的努力，她口若懸河、滔滔不絕地列舉了英國歷屆政府在西元 1946 年、西元 1951 年、西元 1959 年、西元 1962 年年金的價值，年金的支出總額以及瑞典、丹麥、西德等國的年金水準，背誦了一長串統計數字，一口氣講了 40 分鐘，使在場的議員特別是反對黨議員聽得目瞪口呆。

西元 1962 年 7 月 16 日，柴契爾夫人再次揮戈上陣，又一連回答了關於年金和國民保險等 19 個問題。

這兩次出色的辯論表明，柴契爾夫人是一個當之無愧的政府高級官員，表明她完全稱職，能充分勝任自己的工作，也是她對政府行使高效管理的良好開端。

柴契爾夫人出任「生活津貼和國民保險部」的政務次官時，正是英國政壇日趨動盪的年代。三年前保守黨以超出工黨 100 個議會席次而贏得了連續執政的機會，麥克米倫首相也力挽狂瀾，推動英國經濟繁榮而被譽為「超人麥克」。

但是到了西元 1962 年，這位首相在英國民眾中的威望已一落千丈，麥克米倫政府的處境很是不妙：國家收支嚴重失衡，政府超支無法控制，通貨膨脹有增無減，經濟出現衰退，失業人數急遽擴大，而外交政策又頻頻遇挫。

西元 1963 年的局勢發展就更糟，戴高樂竟然否決了英國要求加入西元 1955 年成立的「歐洲共同體」的申請。

麥克米倫首相遭到內外夾攻，心力交瘁，一病不起，最後辭去了保守黨領袖一職。

柴契爾夫人對政治的殘酷性開始有了認知，從而在此後一步步地向上升的過程中，鍛鍊了自己的堅強意志與心理承受能力。

西元 1963 年 7 月，在愛丁堡舉行的一次午餐會上，柴契爾夫人向婦女工會會員發表了一篇著名演說：

> 沒有一個人能使一個政黨在一次選舉中獲勝。同樣，也沒有一件災難能使一個偉大的政黨在一次選舉中失敗。我們過分地突出了一兩個人的作用，認為他們能使我們在選舉中獲勝或失敗。
> 如果某一個人犯了罪，你們不必因此而沮喪。黨是不會在選舉中失敗的，除非是它對自己失去了信心。

出任內閣教育和科學大臣

在這篇演講中，柴契爾夫人不僅不遺餘力地為捍衛保守黨的威信而辯護，而且表明保守黨在選舉中可能敗北，但它將會在另一次大選中捲土重來。

儘管柴契爾夫人能言善辯，仍然挽回不了保守黨政府的頹勢，英國經濟繼續衰退。英國兩黨輪流執政的規律表明，英國選民已在醞釀在選舉中「換馬」了。

這樣亞歷克·道格拉斯·休姆首相在執政未滿一年的情況下，就被迫宣布於西元 1964 年 10 月舉行大選。

這次大選的結果是，工黨僅以 4 票的多數險勝保守黨，保守黨在執政 13 年之後再度淪為在野黨了。

在這次大選中，柴契爾夫人在芬奇利選區面臨自由黨人的嚴重挑戰。由於她那超凡的體力和過人的記憶力，以及深入選民中間，以女性特有的耐心、關心和細膩幫助選民解決了不少的困難，從而以 9,000 票當選，保住了她在議會中的席位。

西元 1965 年 7 月，保守黨內展開了角逐黨的領袖的競爭。投票結果，平民出身、靠個人奮鬥爬上權力頂峰的前勞工大臣和主管，申請歐共體事務的掌璽大臣愛德華·希思當選為保守黨領袖。

希思的當選，預示著注重階級和門第觀念的，英國傳統社會的模式的瓦解，標誌著保守黨的一個新時代的到來。因為，此後繼之而來的保守黨領袖和英國首相柴契爾夫人和約翰·梅傑，都是平民出身。

在西元 1964 年至 1970 年工黨政府執政期間，柴契爾夫人在影子內閣內接連調換了多項職務，先後主管年金部、住房與土

地、財政和經濟事務、運輸事務、燃料和動力部，最後是教育事務部。

　　她充當這麼多問題的發言人，是其他人所沒有的。這樣她就有機會，也有可能深入了解兩黨在各個方面的爭執點，累積了同工黨打交道的眾多經驗，並在一系列基本問題上，逐漸形成了自己的鮮明觀點和堅定的立場。

　　她在西元 1968 年保守黨大會上的演講，鮮明地表達了她的思想。這篇題為《政治弊端》的演講，中心大意是要縮小政府作出決策的範圍，有效地發揮個人權力，政府不應人為地控制物價，而是要促進市場的競爭機制，要調節貨幣供應，大力抑制通貨膨脹。

　　柴契爾夫人在這篇演講中闡述的思想，始終指導著她制定的各項政策，尤其是經濟政策，其矛頭所指，首先是工黨的「集體主義」政綱，並在辯論中作出激烈的反響。

　　因此，大多工黨政府提出的議案，都遭到柴契爾夫人的無情抨擊，一時有「謾罵成了柴契爾夫人的本色」之說。

　　這時的希思也已意識到了這個女人對自己構成的威脅。他在私下與自己的心腹商討提升柴契爾夫人時曾經說過：「懷特洛認為她是最有能力的人，但他說她一旦出人頭地，我們就休想對付得了她。」

　　西元 1966 年 3 月，執政不到兩年的工黨提前舉行大選，目的很明顯，是利用當時的有利時機，擴大工黨在議會中的席位。哈羅德·威爾遜首相如願以償，工黨在大選中領先的席位數由西元 1964 年的 4 個增加到了 97 個。

出任內閣教育和科學大臣

不過，柴契爾夫人卻在自己的芬奇利選區輕易獲勝，第三次當選為下議院議員。這主要是她在選區的辛勤工作的結果。當然，在全國政壇上嶄露頭角也幫了她的大忙。

西元 1969 年 10 月，希思提升柴契爾夫人為影子內閣的教育大臣，她隨即義無反顧地反對工黨政府廢除文法學校，強制推行綜合教育的做法。柴契爾夫人在任時強烈主張，在保守黨執政後將本著發展選拔性教育的精神，保留傳統的文法學校，只在新建城鎮中推行綜合性學校。她說到做到，以毫不妥協的精神與工黨政府的教育大臣肖特展開了激烈的論戰。

西元 1970 年，工黨政府的威爾遜首相，趁國內經濟形勢稍有好轉的有利時機，再次宣布舉行大選。

這次大選的結果卻大出兩黨人士的意外，希思領導的保守黨竟以 30 個席位的領先多數獲得了勝利。工黨在執政六年之後又再次淪為了在野黨。

保守黨的勝利提高了希思的威望與權力，他當即宣布要「進行一場徹底變革，以改變我們這個民族的歷史進程」。

大選勝利後，原任影子內閣教育事務發言人的柴契爾夫人，被希思新首相任命為政府的教育大臣。這是柴契爾夫人第一次，也是僅有的一次擔任政府大臣一職。

擔任政府高級職務後，柴契爾夫人就從下議院底層那間辦公室，搬入寬敞明亮且配有空調的教育部辦公室，那裡有專為大臣配備的大寫字臺，有一大批文官隨時聽候差遣，還可享用政府為她提供的配備有司機的大轎車，她就再也不需要自己駕著那輛舊車子奔波於議會和選區之間了。

可惜的是，瑪格麗特的父親阿爾弗雷德·羅勃茲，卻在她成為政府大臣的前幾個月去世了。

同任何地方的官場一樣，英國內閣中也存在著金字塔差別：首相之下是財政、外交、國防和內政等部門的大臣。教育大臣則屬於較低一階的閣員。

這時的柴契爾夫人已不滿足於自己擔任的角色，而希思首相出於防範其野心的膨脹和對女性的歧視，一直沒有滿足她的意願。從政務次官到教育大臣，柴契爾夫人的確走過了一段「春風得意馬蹄疾」的不平凡道路。

然而，任何阻力都不能擋住她的腳步。隨著政治野心的膨脹，柴契爾夫人要在大不列顛男人主導的政壇上殺出一條血路來，向更高的層次衝刺。

調整舊的教育結構

　　西元 1969 年 10 月，柴契爾夫人擔任了影子內閣教育事務發言人。她的前任是愛德華‧肖特爵士。據說調任的原因是肖特對工黨的，關於廢除文法學校的建議態度不夠鮮明。

　　這是兩黨在教育問題上尖銳爭論的問題。威爾遜執政的 1960 年代後期，工黨政府為了消除教育中明顯的「階級界限」，決定把文法學校和技術學校合併為綜合性學校。認為這樣可以使工人家庭的子女有較多的入學機會。

　　保守黨認為，工黨要把有特色的文法學校改成綜合性學校，勢必會降低教育品質，而且將進一步影響高等教育的水準，甚至可能影響社會風氣，助長無政府主義。於是一些教師和作家發表了「黑皮書」，憤怒地抨擊工黨政府教育大臣愛德華‧肖特的建立綜合學校、取消文法學校的方案。

　　柴契爾夫人是影子內閣的教育事務發言人，責無旁貸地參加了鬥爭。

　　西元 1969 年 10 月 22 日，柴契爾夫人在一次演講中表示，她要與在全國強行實施綜合性教育的政府立法鬥爭到底，要保住那些在初等教育中起了重要作用的文法學校。

　　柴契爾夫人說，保守黨執政後將本著發展選拔性教育的精神，保留住傳統的文法學校，而綜合性學校只能在新建城鎮中發展。

辯論是緊張的，柴契爾夫人緊緊盯住愛德華‧肖特；攻擊是猛烈的，她不給對手留一點喘息的機會。

但是從問題的實質上看，柴契爾夫人與她的前任肖特爵士並無大的原則分歧，差別只在於對工黨政策進行批判的激烈和鮮明的程度。教育政策無論如何比不上經濟政策那樣，關係到一個政府的立廢問題，但是在政黨鬥爭中卻同樣需要不妥協的精神。

柴契爾夫人在影子內閣中的表現，證明她具備這種同工黨周旋到底的特質，這正是她的前任所缺少的。

西元 1970 年，保守黨政府接替了工黨政府，愛德華‧希思出任內閣首相。瑪格麗特‧柴契爾則從影子內閣教育事務發言人變為政府的教育大臣。

柴契爾夫人在影子內閣中，雖然不是主要的發言人，但是她的雄辯卻引人注目。

前工黨政府首相哈羅德‧威爾遜說，她具有能言善辯的本領，「因為她能夠看出對方論點的弱勢，能夠看到自己論點的力量」。「她還學會了很少政治家學會，而我肯定從未學會的一種本事，那就是在事先布置好的場合發表非常簡短有力的演講，使人們了解其主要論點。可以在半個小時內很容易地完成這一點，而一般人總要 45 或 50 分鐘才行。」

柴契爾夫人在西元 1970 年當選時提出的一套教育方針並不十分明確，這使得她與教育部文官們的麻煩更加複雜化。她曾在競選運動中反覆強調：把重點轉移到小學；擴大幼兒教育；在中等教育方面，地方教育當局有權決定什麼樣的學校最適合當地情

調整舊的教育結構

況，將離校年齡提高至 16 歲；鼓勵直接撥款學校，保留私立學校；擴大高等教育和繼續教育；對教師培訓問題進行調查。

但是競選時提出的這些承諾並沒有反映出明確的觀點，保守黨內不同成員和不同派別，對總的教育方針特別是對中等教育和文法學校，持有很不一樣的看法，他們的論點牢固地建立在，對現行教育制度的材料充分的批評上。

柴契爾夫人被夾在這兩種互相對立的觀點之間，因此重大政策要前後一致，決策要小心謹慎。她清楚地意識到，在與本部文官的鬥爭中，也許不能指望得到內閣同僚們的支持。

柴契爾夫人當時對教育結構的關注幾乎到了著迷的程度，這是英國 1960 年代和 70 年代的特點。並不是說教育結構不重要，但教育理論家們聲稱，有這樣一種制度，它在任何情況下，對所有的學校來說都優於其他制度。

他們甚至想在學校裡廢除把學生按能力分組的做法。她試圖讓女王陛下學校督察員辦公室相信，不管他們的理論表明什麼意思，他們至少應該承認文法學校裡，有大批優秀教員做著第一流的工作，女王陛下學校督察員辦公室的很多報告的語氣，抹殺了他們最優秀的東西。

柴契爾夫人據理力爭，除從財政部為教育部爭取到了大批經費外，還經常在內閣會議上對教育部門以外的事務陳述己見，有時甚至用事實和數據來論證自己的觀點。

這種「越位」表現和咄咄逼人的架勢，常常使那些對情況了解得不多的主管大臣啞口無言，甚至使希思首相尷尬異常。因

此，她便喪失了人緣，首相和其他男性閣員都不歡迎她，甚至冷落她、譏諷她。柴契爾夫人在內閣中受到孤立的同時，與她主管的教育部下屬官員的關係也弄得十分緊張。

　　柴契爾夫人以廢除前工黨政府，在全國推行綜合教育的有關「通告」，下決心加強初等教育，主張縮小班級規模、擴大師資比例、改建初級學校陳舊校舍等，來展示個人的雄圖大略。但是，這一舉動卻激怒了贊同工黨計劃的全國教師聯合會，而且遭到新聞界和地方政府的批評。

「牛奶」事件的寶貴教訓

柴契爾夫人在主管教育的 3 年多時間內，不僅同前工黨政府教育大臣肖特換了個風格，而且成為眾矢之的，不僅工黨攻擊她，不同意她的政策的教師、學生、家長們也圍攻她。

其實被圍攻也不一定是壞事，因為至少柴契爾夫人由此而成為家喻戶曉、「知名度」比較高的一位內閣大臣。

柴契爾夫人在當教育大臣的任期中主要做了兩件大事：

一是提高教育品質。她出任教育大臣後的第一件事，就是發出「通知」，廢除前工黨政府關於在全國施行綜合性教育制度的「通知」。

柴契爾夫人認為，英國傳統教育的文法學校和工藝學校才是培養基礎較好的人才的地方，把它們併為綜合性學校，勢必降低教育水準。

她主張增加這方面的教育經費，大力減少綜合性學校。她打算在 10 年或 15 年之內消滅綜合性學校。

柴契爾夫人說：「我相信，工藝學校具有巨大的潛力；但是在目前政府教育經費計劃的基礎上，他們永遠做不到我們所希望的那樣。教育開支應當比平均數增加得更多些。」

但是，這在英國財經不景氣的情況下，增撥教育經費顯然是不可能的。實際情況是學生入學人數增多了，政府的教育撥款卻減少了。

柴契爾夫人還認為，提高教育品質的關鍵在於加強初等教育。她認為，英國的小學大部分校舍陳舊，師資不足，不能滿足使學生具備「讀、寫、算」三大基本要素的要求。

　　柴契爾夫人出任教育大臣後說：「我已經把我的旗幟釘在初級學校的桅杆上了；這必須是處於優先地位的事。」

　　她主張縮小每個班級的規模，擴大教員的比例。她說：「我確信，學生與教員的比例，比起班級的大小能夠更佳地反映教員的程度。」

　　柴契爾夫人在一次記者會上說：「我不打算現在作任何承諾，但是，我的希望是以五年為期，我們將消滅 19 世紀時期修建的初級學校。」

　　當然，這也不能不受到經費的制約。

　　在加強文法、工藝、初級教育的同時，柴契爾夫人提倡學生入學的優選制。這有兩層含義：一是擴大學生家長為子女選擇學校的可能，不是讓子女們只上一律的綜合學校；二是嚴格考試，擇優錄取，以保證學生的品質。

　　柴契爾夫人在教育大臣任期內做的第二件大事是，改變由國家包攬學生的福利做法。

　　這是個十分敏感，涉及家長、學生切身利益的問題。

　　柴契爾夫人在實施這個決策時，有兩件事犯了眾怒。一件是把免費供應小學生牛奶改為由學生出錢，由此誘發了伙食費上漲。這在學生家長中引起普遍反對，他們把柴契爾夫人叫做「牛奶劊子手」。

「牛奶」事件的寶貴教訓

　　此事一直到多年之後人們仍然耿耿於懷。柴契爾夫人則始終堅持自己的原則，她說：

　　「我發現，因為牛奶問題，人們給我貼上了標籤，不過，我照舊做下去，因為三年多來，這項措施給政府節省了幾百萬英鎊。」

　　還有一件事是柴契爾夫人決定，從西元 1972 年起不再給大學生貸款，這又引起強烈抗議。

　　全國學生會主席傑克・斯特洛在年會上說，保守黨和學生運動之間的衝突是不可避免的。全國學生會執行委員會還有人化裝成柴契爾夫人，模擬她的舉止。

　　這年年底，甚至有一個自稱為「憤怒大隊」的組織，揚言要綁架柴契爾夫人，以致警衛人員趕到柴契爾夫人家去值勤。

　　柴契爾夫人認為，只要她能表明節省下來的一部分錢，將用於建設初等學校的計劃，她就可以為削減學校伙食費進行辯護。在教育部的預算範圍內，理應先安排教育方面的開支，後安排福利方面的開支。

　　這項改革措施還附加了一條規定：因醫療原因需要喝牛奶的兒童可繼續得到供應，直至進入中學為止。柴契爾夫人的做法是想最大限度地保護教育預算。

　　為了避免家境貧困有資格享用免費午餐的孩子，看到富有的同學自己花錢付餐費會感到蒙受羞辱，柴契爾夫人特意透過電視演講，建議家長把餐費放在信封內讓孩子交給學校。

　　有資格免費就餐的貧困孩子可把一些硬幣零錢，放在信封內

交給學校，然後由老師如數退還給他們。但是她沒有想到，她的這一建議並沒有解決實際問題。

不久，原先讚揚柴契爾夫人透過削減牛奶和膳費開支，成功地保護了教育預算的報社，突然開始唱反調。

《衛報》把教育的牛奶法案說成是「一項懲罰性措施，永遠不該提交議會討論」。

《每日郵報》請教育大臣「重新考慮」這種做法的可行性。

《太陽報》則用大字號標題問道：「柴契爾夫人是否通人情？」

更有甚者，工黨年會上的一名發言者還編出了一個順口溜說：「柴契爾夫人，搶奪牛奶的人。」

柴契爾夫人成了眾矢之的，並因此又獲得不少攻擊性的綽號，如：「吃人魔鬼」、「莎樂美」等。工黨議員們當然藉機競相咒罵她，說她是「有一張虛偽面孔的吝嗇鬼」、「一個反動的野蠻女人」。前工黨政府教育大臣肖特罵她是「思想上的精神貴族」。因為這些主張有利於富家子弟上學，而勞動人民的子女上學人數將會減少。

某地工黨市政會正在考慮購買一批乳牛，給本地孩子供應牛奶；某些地方教育當局為了迴避執行有關法律，以含乳飲料代替牛奶；有些地方的市政會根據西元 1963 年《地方政府法》規定的權力，開始採取措施給 7 至 11 歲兒童免費供應牛奶。

只有在蘇格蘭和威爾斯，此類行動才屬於違法。所有這些指責最後落到誰身上，那是不問便知的。

「牛奶」事件的寶貴教訓

這場反對柴契爾夫人的運動在西元 1971 年 11 月達到高潮。

也許柴契爾夫人過於天真，以為做了普遍認為對教育非常有益的事情，在爭論為此作出的犧牲時，是會考慮到的。地方當局出於赤裸裸的政治原因，不願向孩子們出售牛奶，而強迫他們出售幾乎是不可能的。

其實「牛奶事件」使柴契爾夫人在全國聲譽掃地，只表明她是做了希思政府的替罪羊。原來希思政府根據第一任財政大臣麥克勞德的計劃，決定削減三億英鎊的政府開支。經過討價還價，反覆攤牌，柴契爾夫人主管的教育經費還是被削減了一部分。為了完成既定指標，柴契爾夫人不得不採取一切可行的措施。

柴契爾夫人又一次學到了寶貴的經驗教訓。她因微不足道的政治利益招致了最大的政治臭名。

在與地方當局幾個月的鬥爭中，柴契爾夫人和同事們受害不淺。在這段時間內，他們不斷受到新聞媒體的冷槍和暗箭，所有這一切只是為了節省 900 萬英鎊，而如果從基本建設預算中削減這個數目，幾乎不會產生絲毫影響。

一個女人，特別是生活在男人世界中的專門職業女性，在遭到人身侮辱時，感情上比大多數男子更易受到傷害，這話是真的。

柴契爾夫人只要和孩子們在一起就感到最為快樂，可是反對她的人和報界卻把她描繪成，冷酷無情地侵害少年兒童福利的人，這使她受到深深的傷害。

任何希望擔任高級職務的政治家都必須做好，經受這種考驗的思想準備，有些人被擊倒了，有些人卻變得更加堅強。

柴契爾夫人儘管蒙受這一切的謾罵、攻擊，甚至圍攻、毆打，但她仍然堅持自己的觀點，她說道：「我發現，因為牛奶問題，我被貼上了種種標籤，但我照舊要做下去。」

　　柴契爾夫人決心不再犯同樣的錯誤。今後如果遭人非議，也應該是為了重要的大事，不該是為了區區小事，更不能是為了一杯牛奶。

致力改變教育現狀

　　整個西元 1971 年，正當學校供應牛奶問題，使柴契爾夫人遭到的攻擊不斷加劇時，在內閣討論政府開支問題上，柴契爾夫人也深深陷入了一場苦鬥。

　　柴契爾夫人主張按原先的設想繼續進行建設小學的計劃，它是重點發展初等教育總政策的關鍵，對她在學校膳食和牛奶問題上的論點也至關重要。因此，當部內一開始有人建議，與財政部主張削減預算者妥協時，柴契爾夫人表示反對。

　　西元 1971 年 4 月，她交給比爾·派爾一張紙，寫下了她必須堅守的最後一道防線：「我們不能接受按實際價格計算，低於去年預算的方案。」

　　柴契爾夫人意識到，其他部的同僚們並沒有像教育部那樣，交出痛苦節約下來的錢，結果照樣讓他們順利過了關。作為削減膳食和牛奶開支的回報，柴契爾夫人的建設小學計劃提前一年獲得同意。

　　但由於從計劃到動工修建一所小學需要幾年時間，這項承諾的撥款也拖了好幾年。其他部門得到准許，可以在政府開支計劃的整個 5 年期間擴大開支。

　　此外，教育部還要向財政部上繳從高等教育方面，縮減下來的節約款一億多英鎊，而同時內閣卻把大筆大筆的錢花在工業補貼上。

柴契爾夫人無法與當時的財政部首席大臣哈羅德·麥克米倫取得一致意見，於是她向內閣提出申訴。可是使柴契爾夫人氣憤的是，她了解到首相府決定不允許她正式提出文件。

柴契爾夫人給泰德寫了一封言語尖銳的信，指出她在宣布西元 1973 至 1974 年度建設小學計劃預算方面受到的壓力。信的結尾是這樣寫的：

> 「你經常敦促我改進我的工作，可是目前基本建設方面正在妨礙我去改進工作。我迫切需要拿到一個令人滿意的西元 1973 年至 1974 年度建設小學計劃預算額度。第三、第四、第五年的預算可由政府開支調查委員會開會考慮，但我希望屆時能與他們取得一致意見。」

柴契爾夫人一到教育部上班，唯一優先考慮的工作就是關於削減教育開支的決定，這項決定使學校的日子變得異常困難。當時有些學校教室漏雨，設備簡陋，廁所設在屋外。但她認為，現在財政上還有些盈餘，可以用來改善仍在使用的破舊小學的狀況。

然而，柴契爾夫人參觀倫敦南部一所新建學校後，事實向她生動地表明，除磚瓦和灰漿外，教育在其他方面也必須做很大改進。

帶她參觀的老師顯然是沒有受過正規教育訓練的新手。一位老師告訴她，這所學校裡的孩子看到他們的朋友，不得不去附近一所舊學校上學，感到非常沮喪。大部分孩子顯然是事先教好的，都異口同聲表示同意這個說法。因此，當有個孩子站起來發表不同意見時，使在場的老師非常難堪。

致力改變教育現狀

　　對教育體制以及靠它存在的教育機構中的弊病，柴契爾夫人逐漸形成了自己的看法。這種看法主要不是靠閱讀發人深省的分析，不是靠與目光敏銳的批評家的辯論，而是透過實際接觸學校裡發生的真實情況。

　　以初等教育為例，人們普遍認為：這最初幾年的學校教育對於一個孩子的成長至關重要。但是究竟應該給這些孩子教些什麼？怎樣教法？

　　柴契爾夫人來到教育部時，對這個問題還沒有成熟的見解。但在參觀一些小學以後她發現，個別孩子常常不參加小組活動，更沒有參加全班教學，基本上是讓他們玩自己的東西。

　　她親眼看到在一間開敞式平面布置的大教室裡，分成幾個小組的孩子們吵吵鬧鬧，毫無秩序，比較膽小的孩子不知道該做什麼，甚至受到其他孩子威脅。她回部後告訴部內的建築設計部門，不要再鼓勵此類敞開式教室。

　　在大學學生會經費問題上也出現了新的激動情緒。與學校供應牛奶問題上的爭論不同，學生會經費問題主要是左派運動中的，強硬派組織的一次運動，因此政治上的危險性較小。

　　但是它極為猖狂，它的矛頭不僅是針對柴契爾夫人和她的兒子，而且正在倫敦大學學院唸法律的卡洛兒，也經歷了一段困難時期。

　　當時在歐洲和美國，是學生革命的高漲時期。它在一定程度上是 1960 年代崇拜青年思潮的發展，那時青年被認為是透徹理解人類狀況的源泉，於是很多學生希望大家尊重他們的意見。

當時的學生抗議運動只是一個即將消失的世界現象。大學的數量在當時增加太快，很多大學的水準下降，傳統特點消失。而且，這種現象正好發生在市場原則退卻的時候，幾乎普遍人人都有權得到一份工作，國家也有能力讓每個人就業。

　　因此，這些沒有根基的年輕人既缺乏前輩具有的權威，又不具備新時代找到一份好工作所需的紀律性。

　　針對這種情況，柴契爾夫人於西元 1971 年 7 月，向內閣的內政和社會事務委員會提出改革建議。她本來考慮設立一名學生會登記員，但這樣做需要通過立法過程，於是僅僅提出了比較溫和的建議。

　　然而，內政和社會事務委員會開始，不準備立即支持柴契爾夫人的建議，但柴契爾夫人又重新提出那些論點，而且充分了解到可能會引起很大爭論，結果取得委員會同意。

　　這樣一來，大學生很快把柴契爾夫人當作最仇恨的攻擊對象。她不論到哪裡都受到一群學生的圍攻。11 月初，柴契爾夫人在利茲大學參加一所新建築奠基儀式時，大約有五百名學生企圖用大聲吶喊把她壓倒。

　　她在倫敦伊麗莎白女王大廳發布南岸工業大學命名文件時，遭到兩千多名大聲叫喊的學生的阻撓，當地不得不出動十幾名騎警保護她的汽車。

　　12 月，抗議學生利用放假組織了一次全國性抗議日，各大學焚燒了柴契爾夫人的模擬像，很多大學的校長和學校當局對學生的抗議採取默許態度。

致力改變教育現狀

　　柴契爾夫人不斷加劇的壓力愈積愈多，越來越難以忍受。她雖然受到的壓力比過去任何時候都大，信心卻始終保持不變。她把一些亂七八糟的事情推到一邊，專心處理工作。

　　西元 1972 年 12 月，英國政府發表教育白皮書，提出了一個高額開支和改善政府供應的十年計劃。它標誌著政府為解決英國教育制度中，固有的問題而作出的最大努力，準備為此投入大量資金。

　　白皮書得到意想不到的熱烈歡迎。《每日電訊報》雖然批評白皮書未能對學生貸款提出建議，但認為它表明柴契爾夫人是「我國最出色的改革和會花錢的教育大臣之一」。

大選失敗後的冷靜思考

　　西元 1970 年 6 月 23 日上午，柴契爾夫人坐著大臣專車來到唐寧街 10 號，在門口，她受到報界和電視臺記者的採訪。首相府的候客室裡洋溢著熱情的歡聲笑語。柴契爾夫人和她的同事們相繼步入內閣會議室。泰德・希思，還有內閣祕書伯克・特倫德爵士在他旁邊，正在那裡等候。柴契爾夫人找到自己在內閣會議的座位坐了下來。

　　此刻，教育和科學部的事情，至少和政府所面對的重大策略問題一樣，仍然在柴契爾夫人的頭腦裡縈繞。她無法擺脫這些問題，它們在她頭腦裡占的地位太重了。

　　但更讓柴契爾夫人感到欣喜的，不僅僅是由於這是自己第一次出席內閣會議，她認為，內閣會議是國家生活中的一個決定性時刻。

　　柴契爾夫人不是內閣中關鍵的機構經濟政策委員會的成員，雖然在討論教師薪資和學校開支問題時，她有時也參加會議，如：出席關於薪資問題的專門委員會，並做些發言。

　　作為內閣成員，柴契爾夫人對當時的政府感到憂慮。國家逐漸被風吹得偏離了航道，直到在絕望中掙扎，執政者撕毀了地圖，扔掉了羅盤，在新的旗幟下航行，但舵手仍然未調換，他仍然堅信他的航行，重新啟程駛向未知的、暗礁密布的海域。

　　在國內，由於全國碼頭工人罷工的困擾，政府上臺幾個星期就被迫宣布緊急狀態。同時成立了調查法庭，以尋找一種代價高

大選失敗後的冷靜思考

昂的解決辦法。雖然在兩週內罷工解決了，但這是否是一次勝利也很難說。

在國際上，巴勒斯坦解放人民陣線的恐怖主義分別劫持了四架飛機，並要求這些飛機飛往約旦。正當英國內閣開會之前，他們又劫持了一架英國飛機以施加更大壓力，該飛機正在飛往貝魯特。

在這次內閣會議後的幾個星期內，在進行交涉的同時，內閣對這個問題討論了很多次。

西元 1970 年 7 月 20 日，伊恩因突發心臟病於當晚去世。柴契爾夫人知道，這是一次發揮才能的機會，因此她先進入了影子內閣，然後進入了真正的內閣。同時柴契爾夫人也立即意識到，伊恩的去世，使她失去了最機敏的有才智的政治人物和最好的溝通工作者。

伊恩·麥克勞德去世後的那次內閣會議是沉悶的。內閣會議桌旁坐著的，幾乎都是柴契爾夫人此後的同僚，例如：托尼·巴伯、道格拉斯·休姆、基思·約瑟夫、約翰·戴維斯、羅伯特·卡爾、威利·懷特洛等。在當時，儘管有很多困難向柴契爾夫人突然襲來，但她的頭腦中還完全沒有出現憂鬱的想法。

事實上，這些同僚正以極大的熱情，開始實施他們激進的改革方案，而內閣中的其他成員則是熱情的啦啦隊長。

柴契爾夫人從這一時期學到很多教訓，如：「緊急權力」這個詞所包含的全部緊急含義及有關決定。

這一天，柴契爾夫人在寓所燭光下，與丈夫談論著政府當時所處的困境。

柴契爾夫人很清楚，當時的政府犯了很多錯誤。她認為，要想辦法度過當前的危機，那就必須對政府的方向提出一些根本性的問題。

柴契爾夫人和她的朋友以及大多數黨內工作者們，都感到現在必須接受挑戰，而且唯一的方法就是舉行大選並贏得大選。從這時起，柴契爾夫人一有機會就極力倡導這一見解。

在一次全國礦工工會執委會為罷工決定，進行投票後舉行內閣會議上，贊成罷工的票占多數，這使柴契爾夫人感到：接下來就要進行大選運動了。由於大選的緊急性質，柴契爾夫人發表宣言，其突出主題是清楚而鮮明的：

在危機時期需要一個堅定和公平的政府；主要的新承諾是修改社會保障制度，為罷工者的家屬支付社會保障金。
除了通貨膨脹和工會權力問題外，1.1 成的抵押貸款利率為我們製造了政治上的困難。

自然，人們問柴契爾夫人的問題主要是關於教育方面的事情。但在回答一個提問時，柴契爾夫人強烈地表達了她對聯合政府的觀點：如果設想你的政府是由所有最聰明的人組成的，這些最聰明的人對於要做的工作會有一致的看法。

柴契爾夫人未料到，她這一段話與大選後期的保守黨有著聯繫。當時的保守黨領導一方面在設法恢復元氣，一方面在尋找重新掌權的辦法，因此他們被一個「全國團結政府」的概念所吸引。

在競選期間的大部分時間裡，柴契爾夫人滿懷信心，相信保守黨會獲勝。她感到如果我們能堅持由「誰來統治」這句話，所

大選失敗後的冷靜思考

概括的中心問題，保守黨就會贏得這場辯論，從而贏得大選。

然而，這次大選結果很快表明，保守黨沒有什麼可值得高興的。保守黨失去了 33 個席位。這將會是一屆動盪不定的，沒有一個政黨占絕對多數席位的議會。

柴契爾夫人對大選結果感到煩惱，從執政黨淪為在野黨從來就不是輕鬆的事情。

而由於種種原因，泰德‧希思領導下的保守黨人這時感到尤為困惑。他本人已經被無禮地趕出了唐寧街 10 號。

由於無家可歸，他只好求助於他的老朋友、議會私人祕書蒂姆‧基森，在他家裡暫住了幾個月。

這件事使柴契爾夫人在數年以後下定決心，當她離開唐寧街的時候，至少要有一處能夠安身的房子！

大選過後，柴契爾夫人到環境部任職。她在這次大選中感受到，地方稅和住房問題，特別是後者，造成了保守黨的失敗。在這兩方面構想和提出健全的，深得人心的政策的任務，對柴契爾夫人具有新的很強的吸引力。

由於人們都預料年底以前舉行另一次大選，大家都願意在 10 月舉行，因此，保守黨開始幾乎狂熱地尋找有吸引力的政策，以便寫入下一個競選宣言中去。柴契爾夫人心中知道，現在，不僅是更換政府的時刻到了，保守黨變革的時刻也到了。

領導住房政策小組

　　在西元 1974 年舉行的選舉期間，柴契爾夫人的大多數時間用在住房和地方稅的工作方面。她有一個由議員組成的有效的住房政策小組與她一起工作。

　　休‧羅西是柴契爾夫人的一個朋友和鄰座議員，他是一位了不起的住房專家，有地方政府工作經驗。麥可‧萊斯姆和約翰‧斯丹利精通建築業。新當選的奈傑爾‧勞森才華出眾，總有自己的見解。柴契爾夫人很高興能領導這樣一個生機勃勃的小組。

　　政治上優先考慮的問題當然是降低抵押貸款利率，技術問題是如何達到這一目的而不是無限地補貼。除了注意制定政治上，要有吸引力的政策之外，柴契爾夫人有理由堅信，在抵押貸款利率問題上需要採取行動，幫助人們購房而制定的其他措施也應付諸行動。

　　柴契爾夫人一貫信奉擁有財產的民主和使更多的人擁有住房。在這一點上，她也深切地感到中產階級是多麼痛苦。由於保守黨和工黨共同造成的通貨膨脹，實際上的盈利率使得人民的儲蓄貶值。除此之外，西元 1974 年房產的價值下跌，稅收的提高加重了商業和老百姓的負擔。

　　在這種情況下，暫時照顧一下一個國家的中產階級的利益可能是正確的，國家的未來繁榮很大程度上依靠他們。而且，幫助人們以抵押貸款買房子，比建築公房或收買私人房屋歸市所有更加省錢。

領導住房政策小組

　　柴契爾夫人經常引用某住房研究基金會的研究報告，報告指出：每所市屬公房，現在每年平均需要繳納 900 英鎊作為稅收和地方稅補貼，而減免普通抵押貸款稅，如果把這視為補貼的話，平均每年為 280 英鎊。

　　柴契爾夫人的住房政策小組每星期一定期開會。住房問題專家和建築協會的代表們各抒己見。柴契爾夫人經常向影子內閣作匯報。在小組成員沒有對經濟政策真正達成一致意見，也沒有對任何其他問題有很多建設性看法的情況下，他們把注意力全集中在柴契爾夫人所負責的領域。

　　一天，柴契爾夫人在影子內閣全天會議上匯報住房問題時，她又被授權成立一個地方稅政策小組。地方稅問題的難度，超過了住房問題的任何一個方面，由一個成員略有不同的小組幫助柴契爾夫人工作。她要掌握大量的技術資料。另外，地方稅的改革，且不說取消，對中央政府和地方政府的關係，和地方當局各部門的工作特別是教育部門，有著深刻的影響。

　　柴契爾夫人依靠專家們的意見，在泰德和其他人的嚴密注視下，希望拿出一個激進的、深得人心的和有說服力的東西。其實這項任務絕非輕而易舉。這樣的形勢，可見當時的政治已經到了怎樣的緊要關頭。

　　住房政策小組已經舉行了 7 次會議，6 月 10 日地方稅小組開始工作，住房小組的建議也在順利地擬定著。柴契爾夫人知道泰德和他的顧問們希望她作出取消地方稅的堅定許諾。

　　但是，在弄清楚用什麼來代替地方稅之前，柴契爾夫人實在

不願意作出這種保證。無論如何，如果秋天如期舉行大選的話，現在除了找一條可以持續執行的路線寫入宣言中外，不可能再做更多了。

在西元 1974 年整個夏天，由於住房政策，柴契爾夫人在媒體上露面的機會超過以往任何時候，而有些是無意的。柴契爾夫人向影子內閣送交的住房政策小組的中期報告出現在 6 月 24 日《泰晤士報》的頭版上。

事實上，保守黨競選宣言中關於最低抵押貸款利率的上限，到底許諾多少的問題，成了柴契爾夫人的最大麻煩。雖然由於她確信在這一領域給予許諾是合理的，但她非常清楚意識到，通貨膨脹和利率的不斷上升，將使財政部的開支多麼令人不安地增加。

泰德和他身邊的人似乎沒有這種顧慮。一天，他把柴契爾夫人從蘭伯赫斯特請來，參加他在威爾頓街的新家舉行的一次會議，到會者對宣言中關於把抵押貸款利率，固定在「合理」水平的提法已得到一致同意，他們要柴契爾夫人超越這種說法。

柴契爾夫人受到很大壓力。她強烈反對，但最後不得不讓步，保證將抵押貸款利率控制在百分之十以下。除此之外，她未同意提出具體數字。她希望事情會到此為止。

關於地方稅的問題情況也是類似的。當大家在影子內閣的會議上討論這個問題時，柴契爾夫人設法避免做出任何確定的承諾。她認為應當是所有各黨透過一個特別委員會共同進行改革。

在柴契爾夫人的發言中，她提出中央政府有權限制地方政府的開支，有權對地方稅進行總體調查。

領導住房政策小組

在聖斯蒂芬俱樂部召開的一次候選人大會，柴契爾夫人利用演講宣傳了保守黨的政策。柴契爾夫人主張，地方稅體制的全面改革要考慮到個人的支付能力。

為達到這一目的，她建議將教師薪資轉移到財政部，負擔並實行更佳的臨時減稅辦法。這時是新聞淡季，是一年中推出新方案的好時機。因此保守黨得到了一些有利的宣傳。

對於中央政府撥給地方政府一連串補貼的制度，大家都感到憂慮。因此，柴契爾夫人告訴影子內閣，她認為財產稅改革似乎是最省事的選擇，即以地方徵收汽油稅來補充財產稅。

柴契爾夫人由於再一次被迫提出一些，未經過深思熟慮的政策而感到受到傷害和憤怒。但是她想，如果她把處理具體問題的小心謹慎態度，和大膽的表達風度相結合，那麼，自己就可以使地方稅和住房政策成為，為保守黨贏得選票的手段。這是柴契爾夫人當時要集中精力去做的事。

在一次記者招待會上，柴契爾夫人宣布了最後方案。她毫不遲疑地宣布了一連串措施：抵押貸款利率控制在 1 成左右，取消地方稅。正如老練的《旗幟晚報》記者羅伯特‧卡維爾所說：飽經風霜的記者們對這些措施，幾乎像對黨中央總部提供的雪利酒一樣的歡迎。人們普遍認為，這是保守黨自大選失利以來得到的最大鼓舞，甚至有人談論保守黨可能在民意測驗中又要領先。所有這些宣傳報導對柴契爾夫人都是非常有利的。

參與建立政策研究中心

從西元 1974 年 6 月底開始，柴契爾夫人又參與了另外一項事業，就是建立政策研究中心。這項事業對保守黨、對國家和對她個人都有深遠的影響。

這個想法最初是基思·約瑟夫提出的。西元 1974 年 5 月底，柴契爾夫人直接參與該中心工作。是否想過邀請影子內閣的其他成員在中心工作，柴契爾夫人不得而知，但是她就是在這樣的時候站了出來，並且成了基思手下的副主任。這實在需要一定的魄力。

政策研究中心是官僚習氣最少的機構。把它稱為「智囊團」並不合適，因為它沒有使人聯想起任何美國有名的大基金會的氣勢。有人把該中心叫做「鼓舞者、變革的載體和政治酶」。

政策研究中心最先提出的社會市場方針沒有顯示出特別的效果，最後悄悄地被人遺忘了，只出版了一本小冊子，名為《為什麼英國需要社會市場經濟》。

該中心做的事就是大量揭露，由於政府干預造成的徒勞無益和自食惡果的後果。接著就發起在最高知識層進行公開政治辯論，目的在於實現變革，改變輿論氛圍，改變對變革的可能性的看法。過了不長時間，這種做法開始引起了一些風波。

基思決定要在西元 1974 年夏秋期間做系列演講，他在演講中將對已出現的錯誤進行自己的分析，並指出應該採取的行動。

參與建立政策研究中心

但他的演講激怒了泰德和保守黨權勢集團，因為基思把保守黨和工黨政府所犯的錯誤混為一談。從基思等人身上，柴契爾夫人學到很多東西。

柴契爾夫人重新閱讀了有關自由派經濟學，和保守思想方面的有創新觀點的著作。她還定期參加經濟問題研究所的午餐會，那裡有雷夫·哈里斯、阿瑟·塞爾登、阿蘭·沃特斯等人。

他們正在忙著為英國規劃一條新的、非社會主義的經濟和社會道路。柴契爾夫人常常與道格拉斯·黑格教授一起吃飯，這位經濟學家後來成了柴契爾夫人的一位非正式經濟顧問。

大約就在這時，柴契爾夫人還結識了文雅風趣的戈登·里斯，他以前是電視製片人。他當時是保守黨電視形象問題的顧問。柴契爾夫人覺得他對電視這一媒體有著異乎尋常的見識。

一次，基思給柴契爾夫人看了一份演講初稿。這是一篇她所看到過的，作出了最具影響力和說服力分析的演講稿，所以她沒有提出任何修改意見。

這篇演講稿比過去任何時候，都更加詳細地陳述了貨幣主義的方針。當時通貨膨脹率達百分之十七，且居高不下，通貨膨脹對老百姓生活的影響使他們感到束手無策。這種情況只能使基思所說的，歷屆政府都對通貨膨脹達到如此地步負責的說法更具有爆炸性。

演講稿不接受影子內閣所持的觀點，即通貨膨脹是「進口」的，是全世界物價猛漲造成的。事實上，通貨膨脹是貨幣供應量過分增長的結果。演講稿解釋說：「鬆弛的貨幣政策和出現通貨膨脹之間，有幾個月或甚至一兩年」的時間差。

演講稿指責希思政府造成的，剛剛開始的通貨膨脹問題，而且下一年還會增長到災難性程度。演講稿同樣拒絕把收入政策作為抑制通貨膨脹的手段。整篇分析細緻入微而且咄咄逼人。

基思在伯明翰的埃奇巴斯頓作了一次演講。這次演講還提出了有關家庭衰退、道德敗壞，以及放縱的社會的危險等能打動人心的觀點，並把所有這些與社會主義，和平均主義相聯繫，提出了「重振不列顛道德」的長遠目標。

這次演講的影響是巨大的。民意測驗顯示，保守黨領先工黨兩個百分點，基思受到公眾的廣泛支持，來信裝滿了六郵袋。

當然，這也讓泰德和保守黨權勢集團感到極為難堪。有些人仍然希望，關於可怕的社會主義的警告，加上暗示組織國民政府，以及我們關於抵押貸款利率和地方稅的新政策，就能使保守黨重新執政。基思演講當天的一次民意調查又助長了上述錯覺。

普萊斯頓演講使基思的策略真相大白，因為很清楚，如果保守黨重新執政並由泰德‧希思擔任首相，就幾乎不可能像基思鼓吹的那樣對政策進行重估。

基思本人很謹慎，他決定在威爾弗萊德街的政策研究中心裡，多花些時間而少去威斯敏斯特，因為這裡他的一些同僚對他十分氣惱。

就柴契爾夫人來說，她根本沒有看到任何真正使保守黨獲勝的機會。

在短期內，柴契爾夫人準備盡她所能，為政策而鬥爭，為這些政策辯護；從長遠看，柴契爾夫人確信，必須使整個黨跟上基思的思路，而且最好是在基思的領導下。

保守黨第一位女黨魁

　　西元 1975 年，是柴契爾夫人一輩子都忘不了的一年。以前，她只能在不同時期獨當一方面的責任，今後，她必須對國家事務中的各個方面承擔責任。

　　她對國內各種問題的立場，人們多少是熟悉的，但是國際事務，還是她從未涉足的領域，而一個黨的領袖必須以相當大的精力處理這類事務。

　　西元 1975 年在赫爾辛基舉行了歐洲安全與合作會議，這次會議通常被看作是國際形勢趨於緩和的象徵。她必須在這些方面表示自己的立場，她打算逆潮流而動，提醒人們提防「虛幻的緩和」，重提多少年來棄置未用的邱吉爾關於「鐵幕」的說法，並且重振英國在世界事務中的作用。她準備在適當時機，把這些都說出去。

　　她打算在國內外各種問題上塑造自己的鮮明形象，在英國歷史上劃出一個「柴契爾時代」來。有好事者，用「換頭術」的辦法，把柴契爾夫人的頭像替換成維多利亞女王的頭像，近似戲謔，卻並非全無根據。輿論界說，柴契爾夫人要搞一場「革命」，她想更新英國的面貌。

　　希思政府終未能扭轉經濟的不景氣，鈔票發得太多，通貨膨脹繼續上升，政府赤字有增無減。希思本打算把通貨膨脹和嚴重失業一起解決，事實上無此可能，反而水漲船高，罷工風暴也因

而此起彼伏，特別是礦工的罷工，使希思政府處於四面受敵的境地。

政府唯一做到的，是使英國終於成為歐洲共同體的成員，從而大大改進了英國同西歐大陸國家的關係。然而就在英國參加歐洲共同體那一年的冬季，爆發了第二次世界大戰結束後，席捲資本主義世界的最嚴重的一次經濟危機，又使英國經濟受到了沉重打擊。於是在西元 1974 年的提前大選中，工黨又奪回了執政權。

保守黨在西元 1974 年大選失敗後，黨內有些人希望黨的領袖希思辭職。希思自西元 1950 年進入議會，在黨內和政府內一直身居要職，有著長達十年的保守黨領袖生涯和將近四年的首相經歷，在黨內的地位是舉足輕重的。

因此，要與希思爭奪黨的領袖地位，一般人都望而卻步。西元 1975 年 2 月，保守黨舉行年會，慣例要選舉黨的領袖。開始，柴契爾夫人支持基思・約瑟夫同希思較量，但不久基思・約瑟夫因家庭原因退出了競選，就沒有人再向希思挑戰了。

柴契爾夫人過去是受到希思信任和提拔重用的，自己也感到有一種師承關係，但在某些政策方面她並不贊成希思的主張。經過認真思考以後，她決定向權威挑戰。

一天，柴契爾夫人走進了希思的辦公室，彬彬有禮地對希思說：「閣下，我來向你挑戰！」

曾經作為她的內閣成員的戴維・豪厄爾後來讚嘆地說：「這類事情通常都是在暗地裡做的，她卻來了個非常大膽的行動，真可謂一個典型的坦率行動。」

保守黨第一位女黨魁

為了讓更多的人了解她、信任她、支持她，她的一些密友組成了精密的競選團隊，為她大肆宣傳。恰在此時，她在下議院對工黨政府的財政議案發動了一次出色的進攻，把工黨的財政大臣弄得瞠目結舌，狼狽不堪。她的這次勝利轟動了整個下議院，並贏得了保守黨同僚及新聞界的一片喝彩。

原先並不認真對待柴契爾夫人挑戰的希思，這時也意識到自己領袖地位最嚴重的威脅來自何方，但為時已晚。第一次投票的結果，柴契爾夫人獲得了 130 票，而希思才得 119 票。大驚失色的希思半天才說出一句話：「看來我們全搞錯了。」只好宣布辭職。

按照選舉規則，保守黨在下議院共有 278 名議員，候選人必須得到 140 票的絕對多數才能當選為黨的領袖，否則還要進行第二輪投票。

在一個星期後舉行的第二輪投票中，希思退出後參加角逐的另外四個候選人，比希思敗得更慘，柴契爾獲得了 146 票的絕對多數，當選為英國保守黨歷史上的第一位女黨魁。

在保守黨領袖選舉揭曉之後，柴契爾夫人對記者們說，她現在非常興奮，特別使她高興的是，在邱吉爾、艾登、麥克米倫、希思的名單後面，現在添上了瑪格麗特·柴契爾。

有記者問她當選後有什麼感想，她自信地說：「我當之無愧！」

柴契爾夫人出任保守黨領袖後，開始注意自己的形象完美。在她的助手建議下，她開始請國家劇院的教師上課，以改善自己演說的聲調。當然，最重要的還是如何振興保守黨。

她首先進行黨的領導團隊的改組，繼而為充實自己在內政、外交方面的經驗，在當選保守黨領袖之後的 10 個月內，先後 12 次前往國內各地視察，並出訪歐洲、北美等 6 個國家。

　　西元 1976 年 1 月 19 日，柴契爾夫人在倫敦金森頓市政大廳發表了一次《英國覺醒了》的著名演說，有人把這次演說與 30 年前邱吉爾，在美國富爾頓的著名演講相提並論：兩人都顯示出了對蘇聯的毫不妥協的形象。這是她就任保守黨領袖之後，首次就英國外交政策進行公開演講。

　　她針對工黨威爾遜政府同蘇聯實行「緩和」的政策，揭露蘇聯鼓吹「緩和」的虛偽性，提醒西方國家應從俄國在世界各地的擴張中，吸取教訓來對付他們。

　　在這次演說中，她猛烈攻擊蘇聯決心「統治世界」，強調蘇聯正在迅速取得，成為最強帝國所需的一切手段：「當我們把一切放在大砲前面的同時，他們卻把大砲放在奶油前面。」

　　她在批評工黨政府減少防務預算，將會嚴重削弱英國在世界舞臺上的作用的同時，警告英國必須從中汲取必要的教訓，否則「用蘇聯的話來說」，「那我們注定，將被掃進『歷史的垃圾堆』」。她尖銳地指出：「俄國人不是為了自衛。他們一心想稱霸世界。而且，他們正在迅速地獲得成為，世界上最強大的帝國所需的手段。」

　　柴契爾夫人的演講刺痛了蘇聯當局，蘇聯官方的宣傳機構對此立刻作出反應，罵柴契爾夫人是「鐵娘子」，是「可怕的冷戰巫婆」。

保守黨第一位女黨魁

蘇聯駐英國大使館也向英國政府提出了抗議。柴契爾夫人立即回擊說：「我還要繼續講事實，一直講，一直講。」

從此以後，「鐵娘子」的外號不脛而走，名揚四海。

在柴契爾本人自傳中，她曾把這個綽號的來歷，歸之於蘇聯的新聞機構塔斯社。

柴契爾本人寫到，在西元 1979 年大選獲勝後不久，在去東京參加七國首腦高峰會議的路途中，她曾在莫斯科短暫停留。在那裡她意外地受到了蘇聯總理的接見。

「蘇聯如此關注我的動機不久就很清楚了，」她寫道：「他們想知道關於鐵娘子的更多的訊息，這是我在西元 1976 年的一次演講後，塔斯社給我的一個綽號。」

蘇聯《紅星報》記者尤里‧加夫裡洛夫後來回憶說：

這的確是我的想法，我也沒有受過任何人的啟發。我把這個稱號寫在了西元 1976 年 1 月 24 日一篇文章的標題中。當時，似乎人人都喜歡這個說法，她的反對者認為這準確地點明了她的倔強和頑固，而她的支持者則把這看成是力量的象徵。

加夫裡洛夫還回憶說：

我腦子裡首先聯想到的就是俾斯麥，他的稱號是鐵血宰相。但我無法用一個男性化的詞彙來形容柴契爾夫人，因此我把宰相一詞換成了娘子。我至今還為能夠想到這個綽號而自豪，但我沒有任何冒犯的意思。只是，我那時候的確感到蘇聯正面臨著一個強勁的對手。她不會沒完沒了地談論和平和友誼，她會無視英國國內的反戰運動，並成為美國的最堅定的盟友。

柴契爾夫人把「鐵娘子」的綽號當成是對她堅強性格的寫照，頗引為自豪。她在西元 1979 年與工黨競選英國首相寶座的一次演說中，曾公開宣稱：「俄國人說我是『鐵娘子』，他們可說對了，英國正需要一個『鐵娘子』。」在柴契爾夫人的口中，「鐵娘子」這個綽號似乎由貶義一變而成為褒義了。

　　正由於蘇聯的攻擊，反而使她得到了全國的支持，國內外越來越多的人都把目光盯在這位「鐵娘子」身上。

　　對外交流的成功，提高了柴契爾夫人及保守黨的威望，也增添了她帶領保守黨重振英國的信心。

　　柴契爾夫人當選為保守黨領袖，她立即去參加了在威斯敏斯特大廳舉行的記者會。她表示，原來的影子內閣將照樣工作。人們猜測，當保守黨組織政府時，她一定要請懷特洛留任。懷特洛也寄來了賀信。

　　保守黨領袖在倫敦的俱樂部，即聖詹姆斯官卡爾登俱樂部接受她為名譽會員。英國保守黨居然選出一位女領袖，在西方引起了震動，以為這是破天荒第一回。

　　獲選後的柴契爾夫人來到了下議院財政議案委員會。最近一個時期，她經常同工黨議員在這裡展開激烈的辯論。在今天這種場合，唇槍舌劍都暫時收了起來，朋友也好，論敵也好，都報以歡呼。連代表工黨政府財政部的前座議員，也不失紳士風範，十分殷勤地向她表示祝賀。

　　工黨財政部首席大臣喬爾·巴尼特對柴契爾夫人說：「我們祝您身體健康。如果您一直像今晚這樣具有吸引力，那將是很有益的。」

保守黨第一位女黨魁

拉塞爾‧路易斯俏皮地評論說：「誰說騎士風尚的時代已一去不復返了？」

對於柴契爾夫人本人來說，當選為保守黨領袖是她從政道路中至為關鍵的一步。因為這就意味著保守黨一旦在下次大選中得勝，她必然就是英國歷史上當然的第一位女首相。

英國近現代史通常是按照一任一任的首相來劃分階段的，而不是以國王或女王的王位承續來劃分的。王位是大不列顛的象徵，政治的實體則在首相府。

英國首相又是因他所屬的政黨在大選中獲勝而產生的，所以具有黨魁和政府首腦的雙重身分。毫無疑問，50 歲的柴契爾是一顆正在上升的明星。

此時的英國經濟普遍呈下滑趨勢，柴契爾夫人對工黨卡拉漢政府第三次提出不信任動議，最終以微小優勢獲得通過。工黨政府被迫下臺，並宣布於西元 1975 年 5 月 3 日舉行全國大選。

柴契爾夫人一方面以「鐵娘子」自居，另一方面又不時地背著購物袋徒步上街買菜，並隨時同人親切交談，使她在公眾心目中具有一個溫柔，又平易近人的家庭主婦形象。

英國第一位女首相

柴契爾夫人從久經沙場的希思手中接管了保守黨領袖的權杖，這是她在成就自己的輝煌事業的里程上又跨越了一大障礙。

本來，4 年的保守黨領袖生涯，卻是柴契爾夫人當英國首相的「實習期」。如今實習期行將結束，離大選日子還只剩下一個月，她必須把握時機，率領她的一團隊競選人馬全力以赴地投入競選首相的角逐中。

柴契爾夫人發表了上百次演說，出席了幾百次群眾集會，同千千萬萬的人握手問候；她還要舉行數不清的記者會，透過電視同選民交談，在收音機裡發表自己的政治見解，工作持續的時間之長，競選活動之多，都是無與倫比的。

沒有一個頑強的鋼鐵意志和超人的健康體魄，要勝任這麼繁重艱巨的工作量也是不可思議的。因此不妨說，這種競選角逐不僅是兩黨領袖之間，智慧與能耐的較量，而且也是體力與意志的拼鬥。任何一方經受不住這一考驗而累癱下來，那他或她的政黨就可能在大選中功敗垂成。

此外，作為一名女性政治家，柴契爾夫人在唇槍舌劍、寸步不讓地與工黨辯論的同時，還必須充分展示她那女性溫柔賢淑的氣質。

為此，她必須富有家庭主婦的人情味，手拎菜籃，在購物場和菜場出入，讓左鄰右舍的居民目睹，讓新聞記者拍照。在一家

農場，柴契爾夫人還即興表演，抱起一頭小牛親暱，隨行記者當即拍下這一溫情脈脈的鏡頭。

但由於小牛在她懷裡亂蹬亂踢，她不得不把小牛的脖子摟得緊緊的，要不是丈夫丹尼斯在一旁及時提醒，這頭可憐的小牛很可能會被窒息。這是在當時緊張競選中的一個耐人尋味的小小的「噱頭」。

在大選的整個過程中，丹尼斯始終隨行在她的左右。這位 64 歲的丈夫對政治不感興趣，但尊重愛妻的選擇，為她張貼廣告，樂於做各種力所能及的瑣碎事務。

他們的女兒卡洛兒也特地從澳洲專程趕來，為媽媽助威。此前她為了躲避輿論界對她媽媽的過分關注，曾萬里迢迢地跑去澳洲找了份工作。

這位 26 歲的妙齡女子在學業和工作上都頗有成就，但她的弟弟馬克卻學業不成，經常給柴契爾夫人惹麻煩。

在一個月的緊張競選和激烈拚鬥中，柴契爾夫人的競選團隊已累得精疲力竭，難以為繼了。柴契爾夫人卻一改其古板威嚴、冷若冰霜的「女領袖」的形象，變成了一位精力充沛、堅不可摧、循循善誘、熱情風趣的超凡女性，一個力圖喚起人們對不列顛的前途無限關注的領路人。

工黨把她斥為極右派分子，卡拉漢乾脆警告選民說選擇她就意味著全國面臨分裂的危險。

柴契爾夫人則反唇相譏，並警告選民說：「這次選舉關係到英國的前途命運，絕不能掉以輕心。」

她毫不隱瞞自己的憂慮，一針見血地指出：「現在是英國迎頭趕上自由世界的時候了，是我們充當領導者，而不是落伍者的時候了。」

　　她認為：「除非我們改變我們的方式和方向，否則我們民族的偉大性很快將成為史書上的注釋了。」

　　她的話看似危言聳聽，卻也造成了震懾英倫三島人心的作用。在與工黨領袖一決雌雄的關鍵時刻，充分顯示出了她這位「鐵娘子」那高瞻遠矚和雄才大略的一面。

　　西元 1979 年 5 月 3 日大選日子到了。柴契爾夫人終於迎來了她出任保守黨黨魁四年之後的這一歷史性時刻。大選前的各種民意調查都表明保守黨的得分始終領先。

　　柴契爾夫人在投票前表現出異乎尋常的鎮靜。她拒絕在電視臺上同卡拉漢作最後辯論的安排，只發表了一篇極其簡短的聲明，表示她一旦當選，將大力加強降低稅收和同犯罪作鬥爭的政策。

　　出語雖不驚世駭俗，卻深得人心，因為英國人民長期受工黨政府高賦稅的困擾，早就嘖有煩言，而社會上氾濫成災的恐怖行動和北愛爾蘭屢次發生的暴亂，更是英國人的一大心病。

　　人們普遍認為該是割除這一毒瘤的時候了。所以保守黨女領袖的聲明雖然簡短，卻在廣大選民中產生了強大的磁場效應。

　　5 月 3 日一早，柴契爾夫人一家去芬奇利選區投完票之後，即返回了她在弗勒德街的寓所。在投票完成和點算票數之間的令人難熬的時間裡，柴契爾夫人雖然外表鎮定如常，但內心卻忐忑不安，神經細胞強迫自己做這做那，忙個沒完沒了。

英國第一位女首相

因為她心裡十分明白，無論是她的支持者還是她的反對者都十分關注這次大選，一旦保守黨沒能贏得這次大選，保守黨的高層就會發生內訌，她的領袖生涯也將告終。

5 月 4 日凌晨 1 時的鐘聲剛一敲響，柴契爾夫人一家又驅車返回芬奇利選區。選舉揭曉結果，柴契爾夫人以 7,900 張選票當選為這個選區的議員。正是這位「鐵娘子」得以入主唐寧街的前奏。

凌晨 3 時，柴契爾一家又來到保守黨總部。這時，保守黨似已勝券在握。柴契爾夫人受到總部大樓外面洶湧人潮的熱情祝賀和熱烈歡呼。她站在臺階上，在家人的簇擁下，接受蜂擁而來的記者們的拍照，閃光燈閃閃爍爍，氣勢至為壯觀。

柴契爾夫人從此將成為英國歷史上的第四十九位首相，同時也是英國歷史上的第一位女首相。英國歷史也將從此揭開新的一頁：從這一天起，開始了柴契爾夫人長達 11 年半的漫長統治，亦即開始了「柴契爾時代」。

西元 1979 年 5 月 4 日中午，一夜沒睡的柴契爾一家人又來到史密斯廣場的保守黨總部，他們的到來隨即引發了新一輪的歡呼高潮。按照慣例，這位新當選的女首相應接受女王的召見，正式受命組閣。

女王和女首相在白金漢宮女王的書齋舉行了會晤。兩個人談得十分融洽，從此開始了她們不同尋常的密切關係。此後，柴契爾夫人每週二都要覲見女王一次。

正式奉命組閣後，柴契爾夫婦隨即前往唐寧街 10 號首相府。

這回他們乘坐的是首相專車。在駛出白金漢宮的大門時，衛兵們向他們夫婦舉槍示敬。唐寧街10號已擠滿了新聞記者和攝影師，照相機和麥克風頻頻閃動，一時蔚為壯觀。

柴契爾夫人神采奕奕，在唐寧街10號門前發表了一篇簡短的演講。她又進一步補充說，既然選舉已告一段落，但願兩黨有識之士共同爭取為大英帝國效力，因為國家面臨的大事很多很多，有必要精誠合作，捐棄政黨成見。

柴契爾夫人不亢不卑，卡拉漢也表情平靜地與她握手告別。作為首相府，唐寧街10號乃是英國權力中樞的象徵。它的深灰色磚牆和白色門窗，述說著大英帝國的歷史滄桑和宦海沉浮。

從西元1719年英王喬治二世下旨，將唐寧街10號賜給英國第一任首相沃波爾爵士作私邸使用，以後相沿成習，傳至第四十九任女首相柴契爾夫人，算來已有整整260年的歷史了。

柴契爾夫人搬進唐寧街10號的新寓所後，除了布置居室和辦公室以外，還把她在下議院辦公室牆上的邱吉爾巨幅油畫拿下，移掛在首相府裡。

在英國，一般當選首相在一夜間就得公布其新內閣22名閣員名單，否則即被視為不尋常。所以柴契爾夫人在入主唐寧街的第一天，就必須打鐵趁熱，組成她的首屆內閣。柴契爾夫人果然不負眾望，在24小時內即完成了這一艱巨工作。

根據英國立憲君主制的老傳統，每屆新議會開幕時，都得由國王或女王駕臨議會致辭，宣讀新政府的施政綱領，盛大的場面透過電視和廣播同步傳送到全英國和全世界。這雖然是例行的場

面，但柴契爾夫人卻決心在這場面中向全國「傳遞出一個明確無誤的變革信號」。

西元 1979 年 5 月 15 日，在倫敦西敏宮舉行了新議會的開幕式，女王在這一天宣讀的施政綱領，實際上是柴契爾夫人精心研擬的演說稿，其中心內容是：

> 透過控制通貨膨脹和使工會運動的權利與義務大體平衡，來恢復英國經濟，促使社會生活的健康；
>
> 透過削減個人所得稅、放鬆對私營企業的限制、削減國有企業及政府投資等來推動經濟發展，創造新的就業機會；
>
> 維護議會和法制，放寬國家對人民日常生活的控制，停止強迫建立綜合學校的措施；
>
> 協助居民成為房產所有主，提高兒童的教育水準，拓寬老弱病殘的福利渠道，嚴加限制外來移民的入境等；
>
> 進一步強化英的防務，增進與西方盟國的團結合作，在一個日益受到威脅的世界上有力地捍衛西方的利益。
>
> 在強化英國的防禦力量方面，柴契爾夫人決心做好三件大事，即發展英國的獨立核武能力，促使美國批准美蘇限制策略，武器第二階段條約，在歐洲中程導彈問題上大力推動北約，採取緊急措施來抵消蘇聯的 SS-20 中程導彈。

柴契爾式的革命

　　柴契爾夫人從首次榮登英國首相寶座起，便刻意把自己塑造成一個「激進的變革家」的形象，她倡導此前英國歷屆政府，包括保守黨政府都不曾有過的改革。這正應驗了工黨把她斥為「極右派分子」和卡拉漢警告的「選擇她就意味著現有的一切都將被連根拔起」的預言。

　　是的，「善者不來，來者不善」。柴契爾夫人是一位抱負不凡的高智慧女強人，她出任伊始，便熟練地一頭埋進國內外的大量政務中，她好像不是第一次坐在唐寧街辦公室裡，倒像是一個輕車熟路的政壇老手。

　　她迫切需要把她的從政構想和改革意念，貫徹到她那日常的國務活動中，盡快扭轉英國經濟情況江河日下的頹勢，給長期病入膏肓的大不列顛注入新的活力；她發誓要促成一個英國的「全面復興」時代的到來。她隱隱意識到，只能這樣她才能真正掌控住局勢。因為當時英國的政治現實是，柴契爾夫人雖說歷經四年的苦鬥，到入主唐寧街 10 號止，還不能說她已完全征服了保守黨，遑論真正控制全國局勢了。當時保守黨內外的很多人仍然認為，柴契爾夫人的主政階段充其量僅是一個過渡期，保守黨最終還會要故態復萌，經過曲曲折折的過程，又將繞回到老路上去的。因此，鐵下心來跟從她的人還寥寥無幾。

　　當然，要真正掌控住局勢，又談何容易。柴契爾夫人意識到，她那頭等重要的任務就是要全盤否定工黨政府的既定政策，

柴契爾式的革命

要對工黨以凱因斯主義為主體的經濟政策做更動，把工黨的包括國有化政策在內的一連串措施「推回去」，通通加以揚棄，束之高閣。

人們把柴契爾夫人的這一「野心勃勃的改革」或如卡拉漢所認定的根本不能實現的「烏托邦」設想稱為「柴契爾式的革命」，不是沒有幾分道理的。

柴契爾夫人上任還不到一個月，就推出了第一個預算案，即西元 1979 年預算案。這個預算案在英國政壇上如同投下了一枚震撼彈，使各方驚訝萬分。不僅工黨深表不安，就連保守黨內多數內閣大臣都不禁愕然，因為柴契爾夫人根本沒有把這個預算案拿到內閣會議上討論過，多數大臣是在議會中由財政大臣傑弗尼·豪公布時才知道這一預算案內容的。

其結果不難想像，它引起了西敏宮大廳的一片混亂。前工黨政府財政大臣丹尼斯·希利挺身而起，在發言中猛烈抨擊這一預算案，稱它是「披著羊皮的母狼的預算案」。事後，他還憤慨萬分，指斥這一預算案匪夷所思，「把工黨政府累積的五年心血，以降低通貨膨脹的成果毀於一旦」。

其實，保守黨的這個預算案正是「新官上任」的第一把火。柴契爾夫人正是要以這個預算案為起點，力促「柴契爾式的革命」早日降生。

柴契爾政府的首要目標是控制通貨膨脹。柴契爾夫人榮登英國首相寶座時，英國的通膨率為 1.1 成，3 個月之後又增至 1.3 成。她在輿論面前除把這歸咎於前工黨政府，從國際貨幣基金組織不正常借貸所引發的惡果外，也指出伊朗革命促使油價飆漲高

達 3 成，以及對英國經濟的巨大破壞作用。

為了控制通貨膨脹，柴契爾夫人在其執政的第一年，即西元1979 年，就決定把貨幣發行量控制在 1.1 成。第二年年初，她又開始推行「中期金融策略」，以求逐年降低貨幣的發行量，西元1983 至 1984 年，英國貨幣供應量降到了 20 年來的最低點。此外，柴契爾政府還提高銀行利率，緊縮政府開支。

這還不算，女首相還撤銷了前工黨政府設立的 3,000 多個計劃，關閉了不少諮詢監督機構，使政府部門的借款大大下降。

柴契爾政府在採取了上述一系列抑制通貨膨脹政策後，收到了預期的最佳效果，英國經濟逐步走出了增長緩慢和通膨率高的低谷，開始呈現出健康攀升的良好趨勢。

柴契爾夫人極力主張發揮市場機制的作用，減少政府對經濟生活的干預，為私有經濟注入新的活力。為此，她按照約瑟夫所倡導的「真正」保守黨人的實用價值標準，認為國家干預經濟過多的表現，是「英國病」的根源。因此，她大力推行稅制改革。

新政府於西元 1979 年發表的第一個預算案，就將個人所得稅的基本稅率多次下調。為了避免稅制改革影響到政府的財政收入，新政府增加了間接稅，提高了增值稅。與此同時，柴契爾政府還取消了物價管制委員會，縮小了國家企業委員會的權力，廢除了 180多項限制經濟生活的陋規，以此來減少國家對經濟生活的干涉。

「柴契爾式的革命」的主要內容就是要大力強化私有化政策。「二戰」後英國歷屆政府都受到凱因斯主義的影響，建立了龐大的國有企業。到西元 1979 年大選之後，英國擁有的國有企業員工已超過了 150 萬人。

柴契爾式的革命

　　同私營企業相比，多數國有企業管理不善，經營效益低下，常常成為政府的沉重負擔。柴契爾夫人上任後的前兩年，被迫撥出巨款來維持和改造部分國有企業。而從西元 1981 年至 1987 年，柴契爾政府已開始改變「英國病夫」的形象，將三分之一的國有企業轉為私營，其中從國有企業轉為私營企業的職工高達 60 萬人。這樣國有企業的產值占國民生產總值的份額，也就急遽下滑到 1988 年的 0.7 成左右。

　　柴契爾夫人的私有化政策是十分成功的。她使一批企業轉虧為盈，從而直接推動了整個英國經濟的復甦。人們為此把保守黨的經濟變革譽為「柴契爾式的革命」是並不為過的。

　　如果說，柴契爾夫人推行抑制通貨膨脹和私有化政策並非目的本身，而是一種刺激工業高效發展，以達到經濟全面復甦的手段的話，那麼，她一上任便大幅度削減文官人數，乃是減少政府開支，平衡國家預算，以求實施「柴契爾革命」中的勵精圖治的重要一步棋了。

　　從西元 1979 年至 1986 年，新首相力排眾議，最終把英國文職官員從 73.2 萬人精簡至 59.4 萬人，實現了預期目標。

　　鑒於人的思想並非一成不變，今天的親信，明天就可能成為推行政策的障礙，柴契爾夫人於西元 1981 年 1 月和 9 月在國內經濟情況日趨好轉的情況下，為深化改革力度，曾經兩度改組政府，把反對她新政策的人或貌合神離之人予以撤換，提拔那些比較聽話的人。

　　同年 5 月 29 日，柴契爾首相還宣布對國防部進行了一次大

改組：任命外交部國務祕書彼得・布萊克為皇家武裝部隊國務大臣，替換了海陸空三軍種各配備一名國務大臣的舊體制，以制止各軍種相互爭吵、爭奪國防預算的本位主義現象蔓延。此舉還有助於確立她這位新首相的強大權力，並明確地向世人顯示，她這位「鐵娘子」已是英國武裝部隊的最高統帥了。

在精簡冗員、提高行政效率的同時，柴契爾首相還大力促成住房改革。1960 年代之後，英國的各地方政府興建了大批具有福利性質的公寓式大樓，供養鰥寡孤獨、低收入者和失業人員寄居，房租極為低廉，甚至不收取房租，這就占用了國家的一大筆資金。

新首相上任伊始，就積極推動出售這些公寓式樓房，以回收國有資金。在「鐵娘子」任期內，合計出售了 100 萬套公寓式大樓，回收貨幣 20 億英鎊。

住房的私有化大大強化了經濟改革的力度，構成了她那整個私有化政策的一個有機組成部分。而值得一提的是，國有資產私有化的結果，使全國股票持有者成了柴契爾夫人的熱情支持者。

從 1960 年代起一直呈頹勢走向的英國經濟，在「柴契爾式的革命」的作用下終於擺脫了低谷，從西元 1983 年起，它的發展速度明顯加快。西元 1984 年至 1988 年間，英國經濟發展比法國快出一倍，比德國也快一半。這一時期柴契爾夫人的權勢和威望也達到了其政治生涯的巔峰。人們把「柴契爾式的革命」稱為「奇蹟」，把柴契爾夫人譽為「戰後英國最偉大的首相」。

可是，又有誰知道，「柴契爾式的革命」是在多大精神壓力之下推行的啊！

柴契爾式的革命

　　柴契爾夫人在改革道路上所取得的一系列成績，並非一兩年內取得的。其實，「柴契爾式的革命」延續了整個 1980 年代。她連任首相 3 次，這才使得她的內外政策具有連續性效果，這也就是「柴契爾奇蹟」得以成就的根本原因。

　　但是，這位女首相的改革措施在她執政的第一年，並不曾「立竿見影」迅速改變英國的嚴峻形勢，相反局勢變得更糟。西元 1980 年的情況也不能令人欣慰，製造業的生產率嚴重下滑，低於幾乎所有西方工業國家的程度。

　　柴契爾夫人決心把通貨膨脹率降下來，並為此採取了多項措施。可是到西元 1980 年 5 月，通貨膨脹率比一年前反而上揚了 2 成以上，失業大軍高達 116 萬人，同年 8 月英國的失業人數竟突破 200 萬大關，開創了西元 1935 年以來的新紀錄。

　　當時大公司紛紛虧損，小公司連連倒閉，經濟局勢一片灰暗。到當年的 12 月，失業人數再創新高。與此同時，新政府不但未能如願以償地把通貨膨脹率降下來，反而比前一年上升。

　　經濟形勢的惡化，直接引發了西元 1980 年 1 月 2 日的鋼鐵工人大罷工。當年下半年的一次民意調查表明，柴契爾夫人得到的票數，竟然低於被她在西元 1979 年大選中擊敗的工黨領袖卡拉漢。

　　工黨自然不會放棄這一有利時機，議會的辯論日趨白熱化，人身攻擊也成了家常便飯。議員們抨擊柴契爾夫人是個缺乏人性的女人，面對龐大的失業大軍竟能無動於衷，仍在一意孤行，拿國家命運當作兒戲。

儘管柴契爾夫人能充分發揮自己的辯才而不被擊倒，但她在面對反對黨的猛烈攻擊的同時，卻要應付保守黨內部尤其是越來越多的幕僚從背後暗放冷箭，他們力主懸崖勒馬，改弦易轍。當時這些人通稱為「威特派」。

　　這一派人多是當年麥克米倫和希思手下的重臣。他們認為貨幣主義政策正在一步步地把國家推向深淵，保守派的執政地位已岌岌可危。兩位保守黨元老麥克米倫和希思也坐不住了，開始直言不諱地批評他們的繼任者。

　　保守黨的 20 多位後座議員奮起造反，威脅現任政府如不改變現行政策，他們將考慮脫黨。就連西元 1974 年大力支持柴契爾夫人競爭黨魁權位的「1922 委員會」主席愛德華‧杜坎，也督促政府放棄正在實施的貨幣主義政策，採取能帶來成效的新方案。

　　面對如此巨大的精神壓力和越來越多的來自反對黨、反對派的強大挑戰，柴契爾夫人卻勇敢明確地說出一個「不」字。她深信自己走對了，而且越是處於逆境越是不動聲色，毫不妥協。事實上，柴契爾夫人對實施自己的政策的艱巨性早就充分預料到了。

　　她在西元 1979 年 11 月的一次宴會上就曾堅定地表示：

這是一項異常艱巨的任務，但我們並不是誠惶誠恐的朝聖者，即便前進道路上布滿了荊棘，我們也絕不後退半步。

　　緊接著，西元 1980 年 2 月，她在一次對全國廣播演講中又再次表示：「在任何一次大的手術之後，你都會覺得你的身體狀況更為糟糕，但這恰恰是病癒的前兆。」自信、樂觀之情，可謂溢於言表。

柴契爾式的革命

面對西元 1980 年下半年日益惡化的國內經濟形勢，連柴契爾夫人的親信、貨幣主義者傑弗尼‧豪都顯得垂頭喪氣，但是柴契爾夫人卻沒有被多如牛毛的難題，和許許多多的危機所壓垮，反而變得更加堅強。她在一次午餐會上公開強調：「我的工作職責就是讓國家在合理的現實的經濟秩序中發展。」

同年冬季，柴契爾夫人在保守黨的年會上遭到黨內反對派的圍攻，要求首相「轉向」，她所信賴的首席經濟顧問約翰‧霍斯金也覺得自己有責任提醒首相考慮這一問題。誰知這位「鐵娘子」卻義正詞嚴地答道：「你知道，我即使落得個身敗名裂的下場，也絕不會輕易改變現行政策的。」

柴契爾夫人在作如此斬釘截鐵的表態時，態度非常堅定，令這位首席經濟顧問也不由得噤若寒蟬。

沒有對自己理念的高度自信和對前景的無限樂觀，沒有抗拒巨大精神壓力的計謀，柴契爾夫人是闖不過這一驚濤駭浪的險灘的。

面對黨內外的一片反對聲浪，特別是她所信賴的同僚和她所親手提拔的新秀的紛紛倒戈，柴契爾夫人除了用鐵腕多次改組內閣，撤換那些明裡暗裡與自己作對的反叛者外，她還決定利用參加保守黨中央理事會在伯恩茅斯召開的年會，以便繞開內閣，在全國範圍內動員保守黨的支持力量。

她發言說：

過去，我們的人民作出了犧牲，只是發現他們的政府在最危急的時刻喪失了鎮定，犧牲也就變得毫無意義了。這一次將不會毫無意

義。本屆政府將一如既往,直到我們國家的前途有了可靠的保證。我並不太在意人們怎樣說我,我倒是很在乎人們如何看待我們的國家。因此,讓我們保持冷靜和堅強,讓我們保持基於愛國主義的相互扶持。這是我決心追尋的一條路,這是我必須走的一條路。

柴契爾的演講獲得了好評,贏得了廣大保守黨員的支持。這對反對派是沉重的一擊。

早在西元 1979 年執政初期,柴契爾夫人曾躊躇滿志地揚言:「給我六位堅強的男人和真理,我就能解決所有的困難。」三年來,英國經濟在「柴契爾式的革命」衝擊下,已陷於崩潰的邊緣,並由此引發了嚴重的社會動盪與騷亂。

在西元 1981 年 7 月 23 日的內閣會議上,財政大臣傑弗尼‧豪將在下一財政年度進一步削減 50 億英鎊的公共開支的發言,引發了各大臣的紛紛反對和責難。環境事務大臣麥可‧赫塞爾一個奮起發難,指斥傑弗尼‧豪的方案把國家推向絕望的深淵,必將引發更多的騷亂,並將危及保守黨的執政地位。

掌璽大臣伊恩‧吉爾摩則提起前首相邱吉爾的名言「不管你的策略有多麼誘人,你也必須時刻關注它所帶來的後果」來含沙射影地揶揄柴契爾夫人,提醒政府當務之急是制定好政治策略而不是經濟方案。

國防大臣弗朗西斯‧皮姆認為失業人口是引發社會動盪的導火線,政府關心的不應只是遏制居高不下的通貨膨脹。

農業大臣彼得‧沃爾克主張回到老路上去:停止提高稅收,用擴大政府投資的辦法來解決就業問題。

柴契爾式的革命

　　大法官黑爾沙姆勛爵乾脆用 1930 年代希特勒利用德國居高不下的失業率，奪取政權和美國胡佛總統緊縮政策，導致共和黨衰落 30 年的史例來危言聳聽。

　　貿易大臣約翰·羅特嘲諷財政部的方案「最多只能算是笨蛋的傑作」。甚至連內政大臣威廉·懷特洛雖是柴契爾夫人的心腹，在這次內閣會議上也左右討好，扮演牆頭草的角色。經柴契爾夫人一手提拔為財政大臣傑弗尼·豪的首席政務次官的約翰·貝弗恩也在這一嚴重關頭改變了信仰，公開跳出來反對柴契爾夫人。就業大臣詹姆斯·普賴爾在會上，與柴契爾首相就工會改革問題發生了正面衝突。

　　這樣一來，柴契爾首相幾乎在會上成了孤家寡人，她發現自己並沒有獲得「六位以上男子」的支持。會上抨擊的雖是財政大臣傑弗尼·豪，而無情的子彈卻一顆顆地打在了柴契爾的身上。可以說，在整個幕僚中堅定地站在財政大臣傑弗尼·豪一邊的，只有柴契爾思想的嚮導和摯友、工業大臣基思·約瑟夫和柴契爾夫人不久前提拔上來的利昂·布里頓兩個人了。

　　面對眾叛親離的尷尬局面，柴契爾夫人極為惱怒。她在極力為財政大臣辯護的同時，表示決心要把這一方案貫徹到底，誓不半途而廢，功敗垂成。內閣會議結束後，柴契爾夫人意識到必須繼 1 月改組政府後，進一步做好內閣的清洗。

　　西元 1981 年 9 月的第二次改組內閣，柴契爾夫人攆走或罷黜了大部分與柴契爾首相作對的幕僚，提拔和調動了一大批與她信仰一致的僚屬。這次政治上的大掃除對柴契爾夫人來說是一次具有策略意義的勝利。

改組後第一次內閣會議結束，這位「鐵娘子」志得意滿地對她的顧問說道：「當主持一個多數人都站在你自己一邊的內閣時，感覺是多不一樣啊！」第二天的倫敦《泰晤士報》在評論這次改組時，指出改組換上了「首相本人的印跡和風格」，認為「她重新獲取了政治優勢並在她的政策中重申了她的信仰」。

　　9月改組的勝利固然使柴契爾夫人勇氣倍增，信心陡漲，但保守黨內威特派，對「柴契爾式的革命」的頑強抵制遠遠沒有停止。同年10月，在布萊克普爾保守黨年會上，威特派和改革派又展開了一次大較量。

　　重炮轟擊自前保守黨領袖愛德華・希思，他指責柴契爾夫人的經濟政策使保守黨陷入了近六七十年來最大的危機之中，「遠比西元1938年慕尼黑事件和西元1956年蘇伊士運河危機嚴重」。

　　改革派也毫不示弱，他們也一個個反唇相譏，財政大臣傑弗尼・豪甚至「以子之矛，攻子之盾」。他借用前首相希思在西元1970年保守黨宣言中說過的話來予以反擊：「最近這幾年，沒有比無休無止的山爾反爾，對个列顛損害更大的了。某項政策一旦確定，首相及其同僚就應有勇氣堅持下去。」

　　結果，威特派雖然來勢洶洶，咄咄逼人，但虎頭蛇尾，有始無終。柴契爾夫人最終有驚無險，再獲全勝。

　　總之，西元1981年是柴契爾夫人首相生涯中的關鍵一年。她承受了巨大的精神壓力，巧妙地化險為夷，終於闖出了一片新天地。

建立堅持原則的國際形象

柴契爾夫人接手英國時，經濟很不景氣，她立下雄心大志一定要把英國經濟從下坡路拉上來。

但是，作為一國的首腦，不僅要處理國內的事情，還要對國際上的事務，表明自己的立場。比如：西元 1979 年發生的蘇聯軍隊侵略阿富汗事件，柴契爾政府不僅強烈譴責了蘇聯侵略，要求蘇聯軍隊撤出阿富汗，而且對蘇聯採取了經濟制裁措施。

不僅如此，柴契爾政府還在倫敦主持召開了有美國、英國、法國、聯邦德國、義大利和加拿大六國，副外長級的阿富汗局勢緊急會議；集合了 42 個聯合國成員國，要求聯合國安全理事會開會，敦促蘇聯立即從阿富汗撤軍；並且同其他西方國家一道，對蘇聯實行「制裁」，停止英蘇間的往來和文化交流，決定不延長西元 1975 年簽署的英蘇低息貸款協議等。

柴契爾政府還響應美國政府的倡議，抵制西元 1980 年將在莫斯科舉行的奧林匹克運動會。

西元 1980 年年底，波蘭發生了「團結工會」的罷工風潮，波蘭政府發布戒嚴令，宣布實行軍事管制。

這本是波蘭的內部事務。但是，由於波蘭處在比較敏感的地區，它的事態容易觸動東西方關係的神經。所以波蘭政府實行軍事管制後，西方一些國家立即譴責波蘭違反了「人權原則」，並且認為一定是蘇聯在背後指使的。

柴契爾政府也持同一論調。他們一方面發表聲明說，這是波蘭的內政，應由波蘭政府和人民在沒有外來干涉的情況下自己解決；一方面也在「人權」問題上抨擊蘇聯和波蘭說，如果蘇聯軍隊入侵波蘭，西方就應採取「報復行動」。

　　阿富汗問題、波蘭局勢，加上早期的歐洲中程導彈攪在一起，使英國和蘇聯的關係驟然變冷，有輿論評論說，兩國的關係如同回到了 50 年代。

　　但柴契爾夫人並沒有把事情做絕，她還是保持與蘇聯的聯繫渠道，並從實力和利益出發，抓住每個機會與蘇聯進行談判。

　　不久，英蘇兩國就在莫斯科不僅簽訂了新的文化協定，把原有的文化協定繼續延長，而且還在倫敦恢復了部長級貿易談判。

　　除此之外，英國政府還努力經營與東歐其他國家的關係。

　　英美的「特殊關係」本是二戰期間兩國首腦邱吉爾和羅斯福建立起來的。西元 1970 年希思執政時宣稱，英美已不存在「特殊關係」，只有「自然關係」，希思主張歐美之間建立「平等的夥伴關係」。

　　西元 1974 年工黨執政，強調發展「傳統的英美友誼和合作」。美國政府雖然並不多提英美的「特殊關係」，但是，對於英國不再這樣說，特別是保守黨的希思政府宣布不再提，是別有一番滋味在心頭。

　　柴契爾夫人執政後曾於西元 1979 年 12 月訪美；次年 3 月再次訪美，同剛上任的雷根總統舉行會談。她多次明確提出，美國是英國的「最主要的盟國」，認為西歐需要美國的核保護傘，「美

建立堅持原則的國際形象

國如果不留在歐洲，歐洲和自由世界就不可能得到良好的保衛」。

細心的人們可以發現雷根和柴契爾夫人在政治上和氣質上的相似點：他們都是貨幣主義的信奉者，都主張對蘇聯持強硬態度；而且，他們都是極右派的政治家。

雷根和柴契爾夫人基本上是在大西洋兩岸的，兩個重要國家同時執政，他們的上臺，壯大了保守主義的聲勢。

鑒於以上各種原因，所以人們說，柴契爾夫人恢復了邱吉爾開創的英美「特殊關係」。

英國外交部的一大特點就是，處理前殖民地或聯邦成員之間的關係。柴契爾夫人執政後立即解決了一個羅德西亞問題，由此誕生了獨立的辛巴威共和國。辛巴威獨立實現在柴契爾夫人執政任期，因而便成為柴契爾夫人的一項政治資本。

「大辛巴威」位於非洲東南部，其意為「石城」，早在 8 世紀至 10 世紀，就已經有相當發達的文化了。

19 世紀末，英國殖民者武裝侵占了辛巴威，並且把這裡叫做南羅德西亞和北羅德西亞。從此，這裡便淪為英國殖民地。

但是後來扎根在這裡的白人殖民者變成了地頭蛇，致使英國政府都控制不了。

這些地頭蛇掌握了統治權，建立了最殘酷的種族主義政權。他們對黑人施加極不人道的經濟的，和超經濟的剝削和壓迫，也對周圍鄰國實施武裝入侵。

西元 1965 年 11 月，種族主義者揚‧史密斯曾宣布「獨立」，並於西元 1970 年 3 月改國名為「羅德西亞共和國」。

但非洲人民不承認這個「共和國」，因為它等於從法律上確定了白人統治。辛巴威人民從它產生的那一天都抵制它。英國政府對此也持否定態度。

後來，當地人們經過戰鬥產生了辛巴威非洲聯盟，和辛巴威非洲人民聯盟。

他們打了好幾年的仗，想要推翻史密斯政權，還向英國政府求援，向史密斯施加壓力。後來，曾產生了穆位雷瓦政權。它雖然是一個「黑人政權」，但是辛巴威人民以及其他非洲國家都不承認它。

柴契爾夫人在競選時曾許諾：一旦當選就解決這個問題。西元 1979 年 8 月，第二十二屆英聯邦首腦會議在路沙卡舉行，剛當首相不久的柴契爾夫人出席了會議。

英國政府根據這次英聯邦首腦會議的建議，於 9 月 10 日在倫敦主持了辛巴威有關各方代表參加的制憲會議。12 月 21 日，與會各方簽署了「羅德西亞和平協議」。根據協議，西元 1980 年 2 月 27 至 29 日進行了議會選舉，穆加貝領導的民盟在選舉中獲勝，4 月 18 日，一個新的獨立國家，即辛巴威共和國正式成立。

辛巴威共和國的成立為柴契爾夫人建立了正面的國際形象，也為她處理其他外交事務奠定了良好的基礎。

平息北愛爾蘭動亂

北愛爾蘭問題，一直是英國政府頭痛不已的問題。北愛問題是從 1960 年代後期開始，到 1990 年代後期止 30 年來，在北愛爾蘭的民族主義者社區和聯合主義者社區的成員之間，不斷重複發生的激烈暴力衝突。

這種衝突因北愛爾蘭在聯合王國內的爭議性地位，與對占少數的民族派社區的統治，以及占多數的聯合派對民族派的歧視所導致。暴力活動是由準軍事集團進行的武裝戰鬥，其中多數屬於愛爾蘭共和軍臨時派的戰鬥活動，目標旨在終結英國在北愛的統治，與建立一個新的「全愛爾蘭的」愛爾蘭共和國。

伴隨著暴力，北愛主要政黨之間，包括那些譴責暴力活動的組織在內，在關於未來北愛爾蘭地位與北愛爾蘭政府構成問題上陷入了僵局。

西元 1981 年，在柴契爾夫人執政的第三個年頭，北愛爾蘭局勢繼續緊張。

7 月 29 日，正當英國王儲查爾斯王子和黛安娜公主，在倫敦聖保羅教堂舉行結婚典禮時，3,000 名羅馬天主教徒上街遊行，向北愛爾蘭一個因絕食而喪生者的墳墓走去。

這些教徒祭奠的死者是一個叫羅伯特・桑茲的愛爾蘭共和軍成員。從西元 1981 年 3 月起，被拘捕在北愛爾蘭首府貝爾法斯特梅茨監獄的，愛爾蘭共和軍幾十名成員舉行了絕食鬥爭，要求

政府給予「政治犯」的待遇。5月5日羅伯特・桑茲在持續絕食56天後死去。

這件事把北愛爾蘭動亂的局勢推向高潮。

隨著絕食的死亡人數達到10人，雙方的對立情緒進一步強化，暴力襲擊事件層出不窮，警方和示威者屢有傷亡。

這一天，威爾斯的民族主義者和舉著黑旗的一些威爾斯青年在都柏林遊行。在主要是天主教徒居住的貝爾法斯特西區，住戶窗口掛著黑旗。這些遊行者走到電視臺門前，抗議電視臺播放王儲查爾斯王子和黛安娜婚禮的電視節目。

愛爾蘭共和軍由於是反對英國政府的武裝組織，並長時間透過暴力活動實現政治訴求，故被許多國家視為恐怖組織。英國政府也放手對他們的暴力、暗殺活動採取了武力鎮壓手段。

桑茲死後，柴契爾夫人在一次保守黨集會上說：「愛爾蘭共和國臨時派已經將他們罪惡的暴力行動從貝爾法斯特和倫敦德里的大街上，以及阿爾馬的原野上擴大到了監獄的牢房中。他們當中的一個成員選擇了自殺，這是對生命的一種不必要的浪費。因為絕食者所謀求的那種政治地位是不會得到的。政府的立場是明確的，犯罪總歸是犯罪，不管其動機是什麼，殺人就是殺人。」

柴契爾夫人指出，如果要北愛爾蘭實現「和平與和解」，就「必須對恐怖主義的挑戰進行抵制和給予回擊」。

作為對柴契爾夫人的回應，英國北愛爾蘭事務大臣漢弗萊・阿特金斯也發表談話說，這種透過絕食以取得「政治犯」地位的活動是「徒勞」的，英國政府絕不會妥協。

平息北愛爾蘭動亂

　　北愛爾蘭問題是一個長期留下來的、各種矛盾糾合在一起的問題：民族矛盾和英國與愛爾蘭共和國的矛盾，北愛爾蘭內新教與天主教的矛盾剪不斷，理還亂。

　　早在西元 1980 年 12 月，柴契爾夫人就曾就此問題專程訪問了愛爾蘭，並與愛爾蘭總理查爾斯·豪伊舉行了長時間會談。

　　雙方在此後的「聯合聲明」指出：

英國和愛爾蘭人民之間的經濟、社會和政治利益是不可分割地聯繫在一起的，目前在北愛爾蘭所存在的分裂和不和，正在使這種關係的充分發展受到阻礙。

兩國為給北愛爾蘭的和平尋求新的途徑，還特地成立了「英國 —— 愛爾蘭聯合小組」。但這些舉措依然不能阻止各種衝突的繼續發生。

如今，北愛爾蘭局勢發展到這種地步，保守黨和工黨都拿不出解決的辦法。

　　柴契爾政府除了用武力鎮壓外，繼續堅持西元 1973 年公民投票的結果：北愛爾蘭新教派居多數，因此投票結果是，北愛爾蘭繼續留在英國。

　　工黨本來與保守黨在此問題上的態度大同小異，但從 6 月起，開始改變論調，而且意見各不相同。

　　工黨議員艾卜瑟說：「現在是承認北愛爾蘭是我們的最後一個殖民地，這一野蠻的事實的時候了，現在是我們沿著非殖民化的道路前進的時候了。」

　　艾東利·本則要求把英國軍隊撤出來，主張由聯合國建立一個國際委員會，向北愛爾蘭派遣聯合國和平部隊。

柴契爾夫人否決了艾東利的意見，她說聯合國解決不了賽普勒斯、黎巴嫩、中東和納米比亞的問題，難道能保證北愛爾蘭局勢的穩定嗎？

《每日電訊》發表評論說：「把北愛爾蘭問題交給聯合國去解決，只能是剛果流血悲劇的重演。」

工黨政策研究小組於7月初，提交了一個文件，堅決反對給予愛爾蘭共和軍犯人以政治地位，並建議工黨支持北愛爾蘭和愛爾蘭共和國統一，但不主張英國立即撤軍。

在多種意見紛雜的情況下，柴契爾政府表示，要堅持在不違反北愛爾蘭多數人意願的情況下解決問題。

8月26日，新當選的北愛爾蘭共和軍議員歐文·卡倫要求「緊急」會晤柴契爾夫人討論犯人絕食一事。

但柴契爾夫人拒絕了，她回信要他去找北愛爾蘭事務副大臣麥克·愛利生商議。

她在信中說：「我高興地看到，您作為北愛爾蘭民主選舉產生的選民代表，正在透過外交途徑來著手解決這些困難的問題。」

監獄的絕食者至10月，已餓死10人，至此，長達7個月的獄中絕食才宣告結束。

柴契爾夫人聽到這個消息後大大地鬆了一口氣。當時她正在澳洲參加英聯邦首腦會議。

柴契爾政府隨即宣布了改革北愛爾蘭監獄的一系列措施。雖然仍不給愛爾蘭共和軍「政治犯」的地位，但犯人可以不穿囚衣，也可以在一定範圍內「自由來往」。

平息北愛爾蘭動亂

　　由絕食而引起的北愛爾蘭動亂，暫時緩和了一些。但問題還沒有解決。這種斷斷續續的暴力衝突，已經持續了多年，不解決根源，問題永遠難以真正解決。

審時度勢再贏大選

　　當歷史的時針定格在西元 1983 年時，柴契爾夫人就到了第一屆首相任期行將屆滿，有必要考慮是否需要提前大選的時候了。

　　按照大不列顛王國的慣例，每屆政府任期本當是五年，但鮮有任期屆滿才舉行大選的時候。執政黨一般都樂意抓住對本黨最有利的時機，提前解散議會，宣布舉行大選。

　　福克蘭戰爭的勝利，使柴契爾首相一下成了維護大不列顛民族尊嚴的象徵，賦予了她不可一世的英雄形象，其聲望如日方中。這對於一個政治家來說，無疑是一大政治資本。機不可失，時不再來。人們普遍認為這位「鐵娘子」會審時度勢，抓住轉瞬即逝的大好時機，提前舉行大選。

　　在英國，首相連任本屬罕見。但對柴契爾夫人來說，蟬聯首相權位，是勢在必行的，因為這個職位「對我似乎是再合適不過的了」。

　　更何況，她剛剛順利透過了所謂「福克蘭」的嚴峻考驗，現在則是檢驗她是否已在英國政壇牢牢紮根的考試，檢驗她能否對抗國內政治鬥爭的風浪。國內經濟已開始呈現好轉的跡象。一句話，「鐵娘子」倡導的貨幣主義政策已初見成效，經濟復甦的前景樂觀，現在該是充分利用大好形勢的時候了。

　　果然，柴契爾夫人於西元 1983 年 1 月初，在她那鄉間別墅契克斯與幾位內閣親信會商，已被媒體掀起來的大選問題。這次

審時度勢再贏大選

會商不僅研究了大選的日期問題，而且討論了與大選有關的所有細枝末節。至於大選的時間，她的親信們雖然提出當年的 6 月和 10 月或西元 1984 年的 5 月，但普遍認為 6 月可能是最佳的大選期。

在柴契爾夫人開始醞釀大選日期的一星期後，她卻和丈夫丹尼斯・柴契爾在英國占有馬爾維納斯群島 150 週年這一天乘坐飛機，歷經 23 個小時的漫長航程，風塵僕僕地祕密飛抵該島，進行所謂「巡視」，看望島上英國守軍。

經過 8,000 公里漫長而又十分冒險的飛機旅行之後，首相夫婦迅即神采奕奕地深入島上的英國臣民和駐防英軍之間，談笑自如，慰勉有加。這些軍民驟見儒雅可親的大英帝國首相，不由歡呼雀躍。島上舉行了隆重而又十分熱烈的歡迎場面。

柴契爾夫人在巡視剛剛遭受戰火洗禮的福克蘭群島時，頭髮和衣服在海風吹拂下顯得凌亂不整，更加突出了這位首相日理萬機的操勞和表露了，她對遠離國土的守島軍民的愛心。在閃爍的鎂光燈下，留下了一張張珍貴的歷史鏡頭。

「鐵娘子」面對一大批群眾，不由得振臂高呼：「我們有時會覺得歷史發生在他人身上，不料我們卻驀然發現我們正在這個島上創造歷史。」她的演講無疑引發了一陣陣雷鳴般的掌聲。

其實，柴契爾首相不遠萬里，不怕風險，不辭辛勞，跑到遭兵燹之災的福克蘭群島來，是有其如意算盤的。她不僅要為自己撈取政治資本，提醒國人注意她的高瞻遠矚和勤政業績，而且要把這場戰爭的勝利果實摘下來，並為英國在它那影響極為有限的

拉丁美洲，找到一個象徵性的落腳點，重振這個一度「統治過四分之一世界的民族」的餘威。

透過「巡視」福克蘭群島，柴契爾首相實際上拉開了西元1983年英國大選的序幕。但是，這時的柴契爾夫人已遠非昔日可比，她在競選策略方面已鍛鍊得爐火純青，她的鬥爭技巧也日趨成熟了。

首先，柴契爾夫人不明確宣布大選的確切日期。西元1983年2月19日，首相的高級顧問放出了一點口風說，柴契爾夫人希望大選於當年的6月分舉行，而對確切日期卻始終諱莫如深。

這使反對黨工黨和其他幾個小黨既困惑又氣惱，因為大選日期不明不白，他們將很難投入衝刺，難以把握競選活動的節奏，不能在大選前夕製造聲勢，力爭達到最佳最理想的效果。可見，在野黨對此卻只能在一旁乾瞪眼，無可奈何，因為決定大選日期的權力完全操縱在執政黨手裡。

4月15日，柴契爾夫人在她的電視演講中仍對大選日期閃爍其詞。但是緊接著，柴契爾夫人在演講中卻為自己的政府評價良好，系統地列舉了她執政四年來的十大政績。

就是：加強了國防力量，並為加強北約做出了貢獻；促進了集體的歐洲；維護了法律和秩序；通貨膨脹下降到了0.5成；壓縮了公共開支；推行了私有化政策；削減了工會的權力；提高了工業效率；讓更多的人擁有住房；退休金增長率超過了通貨膨脹率。

柴契爾夫人4月15日的電視演講，實際上也就是一次名副其實的競選演說。這次演講經電視傳播開來，工黨領袖麥可・富

審時度勢再贏大選

特心有不甘，便奮起反駁，於當天晚上在他的選區埃布維爾工黨會議上，進行了毫不留情的抨擊，針對柴契爾夫人曾經承諾要解決或改進，卻又未得到解決或改善的 7 大問題作了揭發，認為她執政 4 年來犯了 7 大錯誤。諸如：失業人數遽增、賦稅加重、醫療費增加、警察額外開支激增而犯罪率上升、小學缺少課本等。

雖然這時的柴契爾夫人對大選的確切日期仍遲遲不予宣布，但 4 月 15 日兩大政黨領袖你來我往、互不相讓的言論，其實已打響了英國大選的開臺鑼鼓了。緊接著，4 月 19 日議會開會，柴契爾首相出席答辯。在柴契爾首相特定的 15 分鐘的答辯過程中，整個議會大廳吵吵鬧鬧，淹沒了首相的發言。

在議會中，工黨副領袖、前工黨政府財政大臣丹尼士·希利的嘲諷惹惱了柴契爾夫人，這位「鐵娘子」當即反唇相譏，連聲地大聲反駁：「這麼說，你們是害怕選舉了？害怕了，害怕了，你們嚇壞了，你們不敢參加選舉，你們禁不住選舉的考驗。」

這時，她也顧不上首相的尊嚴和儀態了，臺上臺下吵得沸沸揚揚，兩黨議員互相對罵，你來我往，好不熱鬧。儘管議長喊破喉嚨，要求大家安靜下來，也徒勞無功，無濟於事，柴契爾夫人的聲音已淹沒在一片叫喊聲中。

西元 1983 年 4 月下旬，已到了柴契爾首相當機立斷，下定決心的時候了。5 月 8 日，她在鄉間別墅契克斯召見高級顧問，討論大選的確切日期問題，討論後宣布，大選定在西元 1983 年 6 月 9 日舉行。大選日期敲定前，柴契爾首相按照傳統，前往白金漢宮請求女王解散議會，並決定新議會定於 6 月 15 日舉行會議。

在接受記者採訪時，這位女首相對大選結果表現出謹慎樂觀的態度。她在談到她的政府在過去一屆任期內所做的工作時，曾信心十足地說：「我認為，在本屆政府執政期間，這個國家在國內恢復了它的信心和自尊心。我認為，我們在國外之所以得到尊重和欽佩是基於兩件事實：一是因為我們選擇了正確的政策，另一是因為我們堅持奉行了這些政策。」接著，她又順理成章地補上了一句：「要求人民重新予以授權歷來並不是什麼壞事。」

在這裡，「鐵娘子」發出了「重新予以授權」的呼籲，既在很大程度上表現了這個女人的「鐵」質色彩，也表達了她對大選的堅定信心。

現在，大選前的總體形勢，對柴契爾夫人和保守黨確實十分有利。這是不容置疑的事實，難怪美聯社記者評論說，民意調查表明，柴契爾夫人參加競選的地位比第二次世界大戰以來，任何一個政黨的領袖都要強而有力。合眾國際社甚至評論說，柴契爾夫人是自邱吉爾以來最強有力，也是最有爭議的首相。

柴契爾夫人經過西元 1979 年的拚鬥，已經深深懂得了一個真理：「選民對政黨的拉票活動很快就會感到厭煩，重要的是不能讓高潮來得太快，最理想的是在大選前的最後幾天造成持續增強的效果。」這表明「鐵娘子」的競選技術已漸臻爐火純青的地步了。

保守黨採取的是「後發制人」的策略，5 月 18 日，保守黨發表了《保守黨 1983 年宣言》。在這份《宣言》中，柴契爾夫人並沒有作更多的新的承諾，而只是用溫和的語調，重申了她的政

府四年來所奉行的各項政策，從而與工黨宣言的走極端和過於偏激的形象恰成鮮明的對照。

這時，柴契爾夫人已不侷限於筆戰了，她要以自己的雄健辯才和緊張的競選活動，來爭取選民對自己的認可和贊同。這也確實奏效，使工黨措手不及。

這位「鐵娘子」先是向選民講述了一些道理，以便進一步宣揚執政黨所取得的成果，大談選民們在現實生活中看得見、摸得著的種種福利與好處。

對於反對黨極力攻擊的失業問題，她也不加迴避，只是用事實來說話。柴契爾夫人一針見血地指出，失業是新舊交替的產物，是難以避免的，從而從根本上否定了失業問題與她推行的新經濟政策有關。

她還向採訪她的新聞界人士指出，現今英國的失業人口將會很快在迅速發展的服務業中找到工作，一些企業倒閉，另一些行業興起，這本是現代市場的普遍發展規律。

接著，柴契爾夫人以採礦業為例說她剛步入政壇時，英國的礦業工人多達 70 萬，如今只有 20 萬人了。「鐵娘子」於是問道：「讓原有的 50 萬工人重新回到原先的採礦業中去，難道就能振興採礦業嗎？」

形象化的比喻和道理的說教固然要大講特講，講足講夠，但是柴契爾夫人深知，光是這樣還是不夠的，老生常談的話說多了，選民們聽了會感到厭煩。她於是採取反守為攻、先發制人的策略，即以其人之道還治其人之身，攻擊對方的痛處和要害。

西元 1983 年 5 月 19 日，柴契爾夫人在自己的芬奇利選區作第一次競選演說時，搶先在失業問題上向工黨發起進攻，以子之矛，攻子之盾。在這篇長達 50 分鐘的演講中，這位「鐵娘子」先是逐一分析，詳盡列舉保守黨政府四年來的成就，然後話鋒一轉，突然向工黨發起猛烈攻擊：「現在，讓我們瞧瞧工黨都有哪些政績。」

　　「叫他們找找看，戰後有哪一屆工黨政府下野時的失業人數會比他們上任的時候少？一屆也沒有。工黨的現任領袖、當年專管就業的國務大臣，在短短的兩年內就使失業人數從 61.8 萬猛增到 128.4 萬，幾乎翻了兩倍。那時他沒有什麼『靈丹妙藥』可以起死回生，現在就更是沒有了。

　　「主席先生，每一屆工黨政府都向人民許下諾言，什麼要減少失業人口啦！可是事實上，每一屆工黨政府都在使失業人口不斷增加。那麼，要是再來一次工黨執政，類似情況還會照樣發生的。」

　　這次演講的效果極佳，很多話打動了選民的心，聽眾的熱烈鼓掌和大聲歡呼即可證明。這說明柴契爾夫人的競選技術正在飛速長進。

　　西元 1983 年 5 月 23 日，柴契爾夫人又鼓起勇氣，率領她的競選團隊風塵僕僕地趕到威爾斯首府卡地夫，向選民們發表她宣布大選之後的第二次重要演說。

　　在演說中，這位「鐵娘子」一手拿著一本工黨宣言《英國的新希望》，從選民最關切也是最熟悉的個人存款問題為起點，在

審時度勢再贏大選

卡地夫市政廳侃侃而談，抨擊並分析工黨的經濟政策，而且繪聲繪色，刻意給這種經濟政策披上一襲恐怖的外衣。選民們屏氣凝神，瞪大雙眼看著這位夫人。

只見她不疾不徐、神色自若地說道：「聽說工黨影子內閣的一位成員，形容這本書是『有史以來最長的一份自殺狀』，我可以奉告諸位的一點是：假如英國人民都在這份宣言上簽了名的話，那它就成了英國的自殺狀了。」

在作了這麼一段聽了令人毛骨悚然的開場白之後，「鐵娘子」便單刀直入，深入淺出地剖析工黨的宣言，從而給它判了「死刑」。好一段鞭辟入裡的分析，好一篇聳動視聽的演講！

柴契爾夫人真不愧為在二十多年英國政壇上拚鬥出來的悍將，她善於出奇制勝，攻心為上，語言之犀利，用詞之不凡，表達之高超，警勸之深刻，都令人嘆為觀止。

在重點攻擊工黨《宣言》中的失業和國有化問題之後，柴契爾夫人又打鐵趁熱，對工黨宣言中的主張退出歐洲共同體、削減防務開支、單方面核裁軍和工會政策等方面逐一抨擊，把它們批判得體無完膚。

在競選活動第二周，柴契爾夫人又率領她的競選團隊，對英格蘭北部進行了旋風式的訪問。她在走訪了眾多工廠、商店、療養院、醫院和學校之後，晚上在約克市的皇家大廈對人山人海的選民和記者作了重要演講。

在這次大選中，保守黨和工黨都大造輿論，紛紛請廣告公司來為自己發動凌厲的攻勢。保守黨請來的是西元 1979 年保守黨贏得大選的形象設計師戈登‧里斯。

里斯在這一方面堪稱高手，他不僅在競選的服裝類型和頭巾顏色上，給柴契爾夫人提出了不少好的建議，而且動用了現代化的一切傳媒手段，來塑造選民喜愛的領袖個人形象，收到了至善至美的實效。

　　正當英國國內的競選活動進行得如火如荼之際，國際上也傳來了支持柴契爾夫人的強大聲音。

　　西元 1983 年 5 月 28 日至 29 日，西方七國首腦會議按原定日程在美國維吉尼亞州威廉斯堡舉行。出席會議的有美國總統雷根、法國總統密特朗、德國總理柯爾、義大利總理范范尼、加拿大總理杜魯道和日本總理大臣中曾根康弘。

　　考慮到英國大選正當緊張時刻，雷根總統於 5 月 10 日曾致函柴契爾夫人：「我非常希望你在大選中獲勝，從而贏得另一屆任期，以貫徹你已經開始的富於勇氣和堅持原則的政策。」信中表達了大洋彼岸「特殊關係」的盟友對這位「鐵娘子」的最美好的祝願。

　　5 月 28 日和 29 日，恰是週六和週日，「鐵娘子」的競選團隊總算得到了一個好不容易盼到的喘息時機，因為柴契爾夫人決定如期參加例行的七國首腦在美國威廉斯堡舉行的會議。

　　她於 28 日中午從英國起飛，於美國時間下午到達目的地，會議完畢，於 29 日午夜再搭乘英國航班飛返倫敦。柴契爾夫人風風火火，一刻不停地在與時間賽跑。

　　柴契爾夫人毅然與會，其實是變換手法的競選方式，不僅沒有耽誤她的競選，反而為她的競選活動注入了勃勃生機，增加了新的活力。她不僅為個人形象鍍上了一層燦燦金光，而且與會的

審時度勢再贏大選

各國首腦對「鐵娘子」頗多讚譽。

柴契爾夫人從美國一回來，立即帶著征塵，繼續投身於競選的鏖戰中。5 月 31 日，她在深思熟慮之後，又率領她的競選團隊北上蘇格蘭，發起一輪新的攻勢。

柴契爾夫人在二十多年英國政壇的奮鬥中，已練就了一副如簧之舌，伶牙俐齒說長論短，半句也不饒人。有時又難免來個即興表演，插科打諢，甚至掌握火候，恰到好處地使用詼諧語、幽默話，來挑起群眾的視聽神經，在眾人捧腹大笑聲中不知不覺地塞進了自己的政見和希求。她那演講技巧之精湛，已絕非昔日的牛津女大學生，和剛踏入仕途的中青年演說家所能比擬的了。

西元 1983 年 6 月 9 日，英國大選的投票日到了。柴契爾夫婦一大早就趕去投票所投了票，以免晚點人們圍觀，影響投票進程。投票回來後，柴契爾夫人這才坐在家裡，吃著她競選以來的第一頓家常早點。

西元 1983 年 6 月 10 日，大選結果揭曉，保守黨以壓倒優勢贏得了勝利，獲得 397 席；工黨 209 席；自由黨 17 席；社會民主黨 6 席；其他各黨派共得 24 席。這樣柴契爾夫人領導的保守黨不僅取得了西元 1983 年大選的勝利，而且以絕對優勢取得了對下議院的控制權。這樣柴契爾夫人終於如願以償，迎來了連任首相的這個美好的一天。

正如此前她對一直跟隨她採訪這次大選的女兒卡洛兒·柴契爾所說的：「因為這個工作很適合我。我向來習慣於努力地工作，如你所知道的，拚命地去做。不過還遠不止這些，我喜歡這

個工作，而且這個工作也適合我做，再說，我喜歡這項工作遠勝
於喜歡做別的任何工作。」

　　為了把話說得更明確、更透徹，柴契爾夫人接著又補充說：

> 因為那是我在這個世上最樂意做的工作，而且我認為我對這一職
> 務還會有所貢獻。我認為，從對付潛在的敵手或介入世界舞臺的
> 觀點看，累積起來的經驗是非常重要的。
> 我認為，如果你執政時間較長，那對英聯邦會議和七國經濟首腦
> 會議是有益處的。

　　柴契爾夫人在這次訪談中，除津津樂道她對蟬聯首相一事
「情有獨鍾」之外，還得意地談到了這次大選的結果。這位「鐵
娘子」說道：「我認為，人民更喜歡我們已有的這個強有力的政
府，喜歡它要走向一個特定方向的決心。我想他們明白現政府是
正確的，再說，他們內心也覺得沿著這個方向走下去是對的。」

創造「三連冠」奇蹟

柴契爾夫人善於以卓越的眼光把握機會，蓄勢待發，將斑斕的事業從一個高峰推向另一個高峰。

毫無疑義的是，她對待競選也正是本著不斷地與工黨頑強爭奪這一準則行事的，「使工黨作為一支選舉力量從英國政治中消失掉。」

柴契爾夫人的抱負是，在戰後的新時期做邱吉爾沒能做的事，竭盡全力，把工黨執政時實施的福利國家政策和影響「推回去」，用「新保守主義」的政策拖垮工黨。因此，柴契爾夫人大力推進同工黨的鬥爭，正是為了推行自己的政策。

西元 1987 年 5 月 11 日，經過一年多的醞釀和準備，柴契爾首相決定把西元 1988 年應屆大選提前到西元 1987 年 6 月 11 日舉行。按照慣例，女王於同日將大選日期諭知全國人民。

不難看出，柴契爾夫人敲定的大選日期是十分適切的。想當年，她利用福克蘭群島勝利的聲浪，不失時機地突然宣布提前大選。結果，「鐵娘子」心想事成，第二次連任首相成功。

這次雖然柴契爾夫人缺乏戰勝者那如日中天的威望，但國內經濟形勢的持續好轉，和在國際舞臺上那十分活躍、牽涉三方的大國領袖形象，確實為她創下了異常有利的條件。

1980 年代以來，英國的經濟情況確實有了舉世矚目的重大轉機：國內的經濟增長率是 0.26 成，英鎊走勢穩中有升，股價一

直上揚，利率開始下降，通膨率幾年來基本控制在 0.39 成左右，製造業形勢大好，購銷兩旺，生產率的提高居西方各國之冠。

經濟情況明顯改善，就業者的實際收入平均增長了 0.42 成，國內市場上出現了「借貸繁榮」到「消費繁榮」的雙喜場面。英國政府於西元 1985 年至 1986 年財政年度的稅收總額，超過了上一年度的 8 個百分點，私有化政策為政府廣開了財源，淨增了 50 多億英鎊。

總之，從西元 1982 年起，英國經濟擺脫了「低谷」徘徊的怪圈，其增長速度超過了法國、義大利和聯邦德國，僅次於遠東的日本。

儘管經濟發展還存在著一些負面因素，諸如：失業人數始終居高不下，全國維繫著 300 多萬的失業人口；製造業雖然欣欣向榮，但僅占國民生產總值的 2 成；南富北貧，國家經濟的發展頗不平衡等。

但是，從發展情況來看，柴契爾夫人在第二任首相期間的總體經濟形勢的確是逐年看好的。

在國際舞臺上，柴契爾首相以其精明和膽識拓寬了英國的活動空間，尤其是以其直來直往、不屈不撓的外交風格，在歐美蘇三方關係中扮演了一名獨特的，和不可取代的溝通與協調角色，發揮了新時代中不同凡響的影響。這是自邱吉爾以來，任何其他首相都做不到的。

早在西元 1986 年保守黨在伯恩茅斯舉行的年會上，柴契爾夫人在準備演講稿時，就著眼於來年的大選而頗費精力。她對自

創造「三連冠」奇蹟

己的幕僚說：「我必須總結以往歷次演講，但又不能簡單地加以重複；我必須提出一個能在下幾個月中，燃起人民心中希望之火的主題。」

什麼才是「燃起人民心中希望之火的主題」呢？其實，這個主題也就是在大選中鎖定的基調。

經過柴契爾夫人的仔細斟酌及其同僚們的精心設計，最後商定了兩個核心主題：其一是全面深入講述保守黨經濟政策所結下的碩果，即國內經濟的逐年繁榮；另一是堅持英國要有自己獨立的核武庫，猛烈抨擊工黨的片面核裁軍政策。

進入西元 1987 年後，英國國內的競選氣氛日益濃重。但保守黨正式拉開競選架勢，則是在當年的 5 月 15 日之後，即在宣布全國大選的四天之後。

為了有效地推動大選工作的順利進行，柴契爾首相於 5 月 23 日成立了「一級策略組」，把前兩次大選中與她一道戰鬥過的親信和高官們召集來，開了個「緊急會議」，制定了有關「控制這次大選局勢」的策略。

5 月 24 日，柴契爾夫人終於找到了大選中的第一個突破口，因為這一天工黨領袖金諾克在一次晨間電視談話中說漏了嘴。他說面對蘇聯武器的威脅和核恐怖的陰影，英國別無選擇，只能用游擊戰來抵禦。

於是保守黨立即抓住他的這一失言，不失時機地展開了火力兇猛的攻堅戰，從而扭轉了前一階段競選時兩黨相互拉鋸的局面。

柴契爾首相進一步闡述她在上一年保守黨年會上演講的核心主題之一，用密集火力攻擊工黨的無核防務政策，把它發揮得淋漓盡致。

　　這位「鐵娘子」痛斥了工黨的防務政策是「向蘇聯搖白旗的政策」，指責「工黨的英國將是中立主義者的英國，這恰恰是 40 年來蘇聯蓄意謀求的最大利益」，金諾克將使蘇聯輕易得手，「不費一槍一彈就能得到它」。

　　為了營運對策，變被動為主動，工黨於 5 月 28 日隨即轉換辯論主題。他們把火力集中在人身攻擊上，企圖從這裡打開缺口，來貶損柴契爾夫人的人品。

　　金諾克攻擊柴契爾政府壓縮公共開支，造成社會福利經費的不足，以致某些與人民利益息息相關的醫療保健、教育和公共交通等部門的服務品質下降。他抓住這些事實大做文章，攻其一點，不留餘地。

　　他們挖空心思，終於找到了一名手疾患者，此人去年夏天不幸罹患的手疾與柴契爾夫人的手疾完全類似，但首相的病很快就治好了，而這位民眾卻還在耐心地等候動手術。

　　按照預訂計劃，工黨準備在大選將剩下一週多一點時間內，就這一問題對現任首相大興問罪之師，給她的「仕宦人格」進行一次大曝光。不料工黨的這一招反而弄巧成拙，在這次大選中，這些雞毛蒜皮的事似乎引不起廣大選民的興趣，反而招致了他們的反感。

　　選民們最關注的，是未來首相人選的個人魅力、國內政績和國際形象，而這三方面柴契爾夫人都兼而有之，而且高居榜

創造「三連冠」奇蹟

首，因而工黨這「黔驢技窮」的最後一招，也只落得個「無濟於事」、掀不起大浪的結局。

針對工黨的這一人身攻擊，柴契爾夫人聞訊後，雖然十分惱怒，但從大選的這一「大局」出發，她還是強忍在心，不予計較。但是，在愛丁堡的一次集會上，「鐵娘子」總算找到了機會，她要「後發制人」了。

她在集會上大聲疾呼：

工黨正打算使用人格攻擊，這確實是一個不錯的方案。可人格攻擊代替不了政策，它只能暗示對方慌成一團。不管怎樣，這種攻擊對我毫無影響。

恰如杜魯門所說：「如果你受不了熱度，那就請離開廚房。」主席先生，經過了 8 年的歷練，我想我完全可以說：我將能更全面地把握和協調，這個熱度我也完全可以忍受。

選民們從「鐵娘子」的這次演說中不難看出，她那政治家的寬博胸懷和高瞻遠矚的策略眼光，其實這也是對工黨避其銳氣，擊其惰歸的策略。

至於在國際舞臺上的形象，金諾克如與柴契爾夫人相比，那就更是小巫見大巫，不可同日而語了。同在西元 1987 年，柴契爾夫人的國際「聲勢」，就比金諾克要輝煌、有力得多。

柴契爾夫人訪蘇和隨後的訪美，都清晰地突顯出她那「世界人物」的光圈。

與柴契爾夫人這一系列出訪所贏得的「滿分」相反，金諾克也曾去美國推銷他那「無核防務」，結果受到了冷落，美國總

統雷根也僅「禮儀式地」接見了他半個小時。

　　總之，西元 1979 年以來在國際舞臺上的成功表演，賦予了柴契爾夫人更為有利的條件，為她在即將到來的大選角逐中大吹了「東風」；相形之下，工黨領袖金諾克只能敬陪末座了。

　　在西方民主政治和經貿發展中，輿論傳媒一直起著不容低估的作用。柴契爾夫人自西元 1979 年執政以來，對新聞界始終十分重視。在第一屆首相任期內，她曾將英國的幾家大報編輯名單呈給女王，希望為他們晉升爵士封號。

　　平時，「鐵娘子」也很注意與報界保持良好的關係。因此，在面臨大選的關鍵時刻，報業托拉斯和電影頻道就都站到了現職首相一邊，給了她以最密切的配合。這一切，對柴契爾夫人贏得第三任首相大選的勝利造成了舉足輕重的作用。

　　經過緊鑼密鼓的對壘雙方的搏鬥後，保守黨顯然雄踞上風，取得了民意調查中的穩定優勢。

　　西元 1987 年 6 月 11 日，英國大選結果揭曉：保守黨在下議院的 650 席中奪取到了 375 席的多數，雖說比上次大選的 1983 年減少了 43 席，但還是一馬當先，獨占鰲頭。

　　在大選結果揭曉的那天早晨，柴契爾夫人和她的丈夫丹尼斯雙雙出現在保守黨總部大樓的正面窗口。

　　在窗外歡呼人群的眾目睽睽下，喜出望外的「鐵娘子」從窗口伸出右臂，比出三個手指，向歡呼雀躍的支持群眾致意，表示這是「第三次連任」。樓下群眾報以雷鳴般的掌聲，「又一個五年」的歡呼聲也如春雷滾滾，響遏行雲。

創造「三連冠」奇蹟

　　與柴契爾夫人歡慶勝利的同時，工黨領導人金諾克不得不承認自己已敗北：工黨在這次大選中只拿到了 229 席。在好不容易熬到的五年一度的逐鹿中，又只好眼巴巴地屈居在野黨的地位了。

　　不過話雖這麼說，工黨也不是毫無得分可言。他們在蘇格蘭和北方的其他地區卻獲得了顯著的進展：比起西元 1983 年那一次的大選，這次總算是個贏家，也就是說多得了 20 席。金諾克在聊以自慰之餘，不無苦澀地表示，在英國南富北貧的「分裂鴻溝」顯得更深更大了。

　　在西元 1987 年的英國大選中，輸得最慘的當是社會民主黨和自由黨組成的聯盟，他們一共只獲得了 22 席，令兩黨領袖歐文和斯蒂爾大失所望，至為震驚。特別是社會民主黨的敗績在英國人眼中至為醒目。

　　6 年前，社會民主黨的「四大天王」：歐文、威廉斯、詹金斯和羅傑斯剛從工黨中分裂而出時，曾經不可一世，大有氣壯山河、一主沉浮的氣概。

　　那時，柴契爾首相的政局不穩，黨內派系傾軋，內部團結很成問題；而工黨剛剛在大選中遇挫，一蹶不振；而新生的社會民主黨與自由黨結成聯盟，使人耳目一新，認為他們作為一股代表「中間勢力」，有希望把保守黨中的左派人士和工黨裡的右派分子團結在自己的麾下，向英國幾百年來先是托利黨和輝格黨，緊接著是保守黨和工黨兩黨並峙的一統天下，發起史無前例的猛烈衝擊，因而給人的印象似乎是「三黨體制」取代「兩黨體制」的時候了。

由於對大選具有必勝的信心，所以柴契爾夫人在大選前夕反倒泰然自若，顯得不把大選當作壓倒一切的中心大事來看，因而照舊忙她的國際事務。

　　就在大選前夕，柴契爾首相參加了西方七國首腦會議。會議還沒開完，她就急著趕回倫敦迎接選舉的結果。大選一完，「鐵娘子」當即宣布內閣名單，又風風火火地趕回布魯塞爾開會去了。那裡正期待著她在歐洲共同體的財政問題上作出和解的姿態。

　　這樣在西元 1987 年的 6 月中，柴契爾夫人不僅創造了一大奇蹟，成了英國一百五十多年來第一位，連續贏得首相寶座「三連冠」的人，而且在西方七國首腦會議，和布魯塞爾歐洲共同體會議上大出風頭，使參與這兩個國際會議上的男士也不由得肅然起敬，對她那女性的魅力、巾幗的意志和首相的智慧大為傾倒。

　　西元 1987 年英國大選才揭曉幾小時，她就在唐寧街 10 號的辦公室裡接見了第一位外國記者，即美國《時代》週刊駐倫敦辦事處主任克里斯多夫・奧格登。

　　「鐵娘子」著重談到了兩點：

　　一是國內方面將在第三屆任期內繼續推動「私有化」政策向縱深發展，要使在私營企業工作的人都能享有購買本土企業股份的權利，使「每一個賺錢的人都成為產權人」；

　　二是國際方面將在第三屆任期內繼續奉行親美政策，因為她「傾向於把美國看作大西洋彼岸的歐洲」，因為她讚賞「美國人民的慷慨和他們對自由的熱愛」。

創造「三連冠」奇蹟

當奧格登問到她「是否在考慮第四次連任」時，她的回答是：「四五年以後會是個什麼樣子，我還拿不太準。」她表示「要把在選舉中提出的政策付諸實施」。

當奧格登問到她希望人們如何「評論」她時，柴契爾夫人的答覆是：「希望人們說，我們有勇氣處理其他政府繞開的問題，並且因此而把一個走下坡路的國家，變成一個能再度為自己的創業精神而自豪的國家，變成一個可以信賴的盟國，和有影響的民族足以引以自豪的國家。換句話說，我們使英國重新恢復了活力。」

在這裡，柴契爾夫人為自己勾勒了一幅宏偉的藍圖。要實現這一宏偉藍圖，柴契爾夫人還必須準備走一段漫長的道路：她還要再接再厲、寸步不讓地與工黨對抗，用她的話說便是「使工黨作為一支選舉力量，從英國政治中消失掉」；她還要繼續限制英國工會的活動，透過進一步立法，規定工會領導人每隔五年以無記名投票方式改選一次，並建立專門機構來管理工會。

第三次入主唐寧街 10 號的柴契爾夫人在一陣歡呼聲浪過後，有理由為自己的宏偉藍圖而自豪：她覺得在這個多事的地球上，還有很多事情等著她去做，還有不少的挑戰等著她去應付。

從西元 1975 年她當選為保守黨的領袖算起，到西元 1989 年，她作為一個全英國和世界級的政治家已整整 11 年了，而西元 1988 年又是英國經濟自西元 1981 年 5 月處於「低谷」之後，進入持續增長的第八年。

在英國歷史上，恐怕沒有人比柴契爾夫人創造了更多的第一。她是英國保守黨這塊「男人的天地」裡的第一位女領袖，是英國歷史上第一位女首相，而且是創造了蟬聯 3 屆、任期長達 11 年之久紀錄的女首相。英國自 19 世紀初葉利物浦勛爵連任三屆共 15 年以後，再沒有任何一位首相有如此之長的執政時間。

柴契爾夫人是英國歷史上第一個以所推行的一套政策，而被冠之以「主義」和「革命」的首相。英國歷史上偉大的人物邱吉爾也稍遜色。

第三次蟬聯首相一職之後的第二天，柴契爾夫人去了白金漢宮，向女王呈上了新內閣成員的名單。幾位主要大臣依然留任，他們是財政大臣奈傑爾・勞森、外交大臣傑弗尼・豪爵士、內政大臣道格拉斯・赫德和國防大臣喬治・揚洛。

組建新內閣之後，柴契爾夫人又著手執行她那雄心勃勃的第三任首相期間的重大使命了。

成功組建影子內閣

早在第一次當選首相時，柴契爾夫人的第一項任務就是組織影子內閣。影子內閣指實行多黨制的國家中不執政的政黨，也叫預備內閣、在野內閣。它往往由下議院中最大的反對黨領袖，物色下議院中有影響的本黨議員，按內閣形式組建而成。

這種制度於西元 1907 年由英國保守黨領袖奧斯汀‧張伯倫首創，後為一些英聯邦國家所採用。實際上，在世界上很多國家，「影子內閣」已成為一種政治慣例。

柴契爾夫人在下議院反對黨領袖的房間裡，會晤了議會督導員漢弗萊‧阿特金斯。他是一位可愛可塑之人，作為議會督導員，他見多識廣，要委以高級政治任命，這種特質真是太重要了。

柴契爾夫人告訴漢弗萊，雖然她自感對有些人有某種人情債，但她並不想全部撤換原班人馬。要維持黨的團結，就必須讓它有足夠的連續性。

然而，他們談得越多就越是發現所有其他安排都取決於泰德，各種報紙都已經在說泰德無意供職。柴契爾夫人曾打算當晚就去看他，可思來想去還是覺得由漢弗萊先出馬更好些。

在另一段時間裡，柴契爾夫人還是乘車前往泰德的住宅親提此事。泰德正坐在書桌旁，他沒有起身，而柴契爾夫人沒等讓座就坐了下來。無須客套，她能猜到他對近期事件及他本人的看法。

柴契爾夫人問他是否願意加入影子內閣，但沒有提具體職務。他說不，他要當後座議員繼續做下去。談話實際上就此結束了。

　　至此，柴契爾夫人已經做到了仁至義盡。當她離開泰德的書房時，時間才只過了五分鐘左右。柴契爾夫人回到下議院告訴了漢弗萊‧阿特金斯，泰德確實不想加入影子內閣。

　　接著，曾在領袖競選期間任黨的代理領袖的羅伯特‧卡爾希望見到新首相柴契爾夫人。他明確表示說，唯一願意接受的職務是影子內閣外交大臣。

　　柴契爾夫人說她不能下這樣的保證。理由之一是她不願在充分考慮整個班底的構成之前先被捆住手腳，她還沒有肯定影子內閣中是否確實會有羅伯特‧卡爾的一席之地。

　　但柴契爾夫人想，一定要有威利‧懷特洛，他的聲望已在領袖選舉中展示出來。他極富經驗，有他在就能使很多後座議員確信，當今的主流是漸進而不是革命。雖然柴契爾夫人當時還不能給這個人提供具體的職位。

　　當柴契爾夫人走進大廳時，她聽見有人叫喊：「親一個，馬吉！」即瑪格麗特的暱稱。柴契爾夫人坐在了前排。她接受了前首相羅德‧威爾遜機敏中含諷刺的祝賀，而她的答詞卻少有睿智。

　　柴契爾夫人一邊聽一邊思索，作為一個經歷了動盪而且還存在著嚴重分歧的黨的領袖，作為一個在這個喧囂、紛雜的男人世界中奮力爭取主導地位的女人，她能料到未來將是困難重重。

成功組建影子內閣

這天晚上，柴契爾夫人首次主持了影子內閣會議。會場有一種略欠真實的氣氛，因為在座的人都還沒有受到重新任命，且有的人已不會再受任命了。大家應有的禮節，標誌著人與人之間實現了一種不解除武裝的休戰。

在接下來的幾天裡，柴契爾夫人作為領袖，她的時間全部用於會見記者，和商量有關她的辦公室安排事宜，還辦理了那些拖延已久的選區公務。她很少有機會與漢弗萊和威利坐下來討論影子內閣人選的事。拖延總是引起人們的猜疑。

柴契爾夫人作為領袖總是想用週末做最終的拍板，如：在福拉德街制定名單，同時也與漢弗萊和威利討論某些具體問題。

星期一，柴契爾夫人在她的下議院辦公室裡，透過一系列與同事們的會晤而確定了任命。她向前任議會督導員威利簡要地介紹了情況，其中包括權力下放問題；請基思·約瑟夫繼續在影子內閣中負責政策與研究。從某種意義上說，這兩個人是兩位重要人物。一位是政策上的臂膀，另一位是領導團隊裡決策方面的智囊。

柴契爾夫人對於影子內閣的其他任命，其在策略上的重要性要小些。

24 小時之內，柴契爾夫人將任命工作暫告結束，次日，她處理了一些其他公務。她接見了達特福德選區候選人、後座議員中頑固的批評者彼得·沃克。在同隨後走進辦公室的傑弗尼·里彭商量了一陣後，她確信他不願任職。然後，她又見了曾任影子內閣住房大臣的尼古拉·斯科特。接下來，她又轉身去同羅伯特·卡爾進行了一番耐心的交談。

組建影子內閣是一次相對成功的行動，因為當時柴契爾夫人的地位還不夠穩定，又需要在影子內閣中反映出一種能團結全黨的意見平衡。

　　它標誌著一支贊同新首相自由市場經濟觀點的財政團隊形成了，從而把影子內閣思想的天平總體轉移到了自己這一邊，而且使那些人效忠於新首相成為合情合理的事。

　　柴契爾夫人感到，她能期望得到這個領導集體支持，但她也知道，現在還不能認為已經一統天下。

著手改革掌控政治機器

英國保守黨資深政治家斯溫頓勛爵曾說過這樣一句話：「先鑽入這部機器，無論級別多麼卑微。」柴契爾夫人作為這部機器的主導要件，在立足未穩時，對這句話自然不得忘記。有鑒於此，她上任伊始，就立即著手去控制這部機器。

首先，柴契爾夫人決心要改革保守黨中央總部。根據黨章規定，中央總部是黨的領袖的辦公室。柴契爾夫人認為，中央總部主席應是高效率的管理者，應是一位最好能與商界有關係的人，一位忠實於首相的人。

但是，發生在領袖競選期間的一些事使柴契爾夫人確信，那裡的某些工作人員，要在她手下繼續以原來的身分工作是很困難的。

柴契爾夫人一向敬佩彼得‧桑尼克羅夫特。他自柴契爾夫人進入議會之初就是領導本黨的老前輩中的一分子，作為數家大公司的總裁，在柴契爾夫人看來，彼得‧桑尼克羅夫特應當是首選之人。可是怎麼說服他呢？後來她發現威利‧懷特洛曾與他有過來往，於是請威利說服他接受了這一任職。

這份工作即使對一個比他年輕得多的人來說也是很費精力的，因為即使在黨深陷低谷的時期，黨的主席也必須鼓舞士氣，而低谷階段的出現何止一次。除此之外，彼得的另一難題是，在現階段，大多數鄉村黨員只是勉強接受了新首相的領導。

現在，柴契爾夫人終於感到中央總部的領導人，真正有心效力於她了。彼得逐漸以忠誠之士取代了一些人，但柴契爾夫人卻從未干涉甚至過問他是怎麼做的。

阿利斯泰爾是出身於保守黨黨員家庭的一名保守黨人，但他得迅速將自己變成一名政治家。柴契爾夫人告訴他，他得放棄他那輛德國奔馳轎車，改用一輛英國產的「美洲虎」，他立即照辦了。

當時有些人以為，新首相會在保守黨研究部進行更大的人事變動。保守黨研究部理論上是中央總部的一個部門，但它有自己獨特的重要作用，尤其是在野期間。這主要因為它在辦公地點上與中央總部分離，而且在學術上有其榮耀的歷史。

從某種意義上說，政策研究中心是作為研究部的替代機構建立的。而如今柴契爾夫人是領袖，保守黨研究部與政策研究中心應當團結合作。她知道研究部與政策研究中心之間的諸多齟齬與競爭由來已久，於是她決定用在政策問題上能與基思合作的安格斯·莫德替代伊恩·吉爾莫擔任研究部主席，而讓克里斯·帕頓留任主任，讓泰德的前顧問亞當·里得利做他的副手。這些都是妙計。

柴契爾夫人賞識該部的工作，尤其是在它擔當起影子內閣祕書處的作用後，就不只是制定政策了。雖然偶有陰影，保守黨研究部還是漸漸轉到新首相確定的方向上來。

與此同時，柴契爾夫人還要物色一個負責她辦公室事務的小團隊。領袖競選結果出來後第二天，柴契爾夫人會見了泰德手下

著手改革掌控政治機器

的祕書們，他們顯然很難過，她還察覺到了某種敵意，這是很容易理解的。新首相讚賞他們的忠誠，如果他們認為可能的話請他們繼續留下工作。結果大多數人留了下來，至少也做了一段時間。

柴契爾夫人當選領袖之後，如潮的信件接踵而至，有時每天八百多封。儘管中央總部的女孩子們過來幫助整理郵件，但一般情況下這是首相的幾名祕書的任務。

他們坐在主房間的地板上，將信開封、歸類。他們盡了最大努力，可還是毫無希望地缺乏條理。後來，阿利斯泰爾·卡邁克爾建議首相請戴維·沃夫森負責信件科的工作。阿利斯泰爾覺得如果戴維都不能弄清這種混亂狀況，那就沒有人能行了。

事實上，無論是在反對黨時期還是後來在唐寧街 10 號，戴維的才幹都得到了比整理信函更為廣泛的發揮：他洞察商界的意圖，提供了重要關係，尤其在政治上善理亂麻。

柴契爾夫人還需要一位全職的辦公室主任。這個人必須勤奮、可靠，而且，既然要起草那麼多的演講稿、文章和信件，他更需要有好的文學素養。經人推薦，正從事《每日電訊報》高雅的花邊專欄《彼得巴勒》工作的理查·賴德，於 4 月底來到首相這裡。

理查·賴德在經費少的情況下，將這個不大的辦公室管理得很有效率。

掌握政治機器的工作花去柴契爾夫人幾個月的時間。總體說來，一切從未讓她不快。然而，柴契爾夫人非常清醒，她知道，對一個領袖的真正政治考驗還在後頭。

打碎桎梏確立新政

柴契爾夫人領袖生涯中第一次真正的公開亮相，是從訪問蘇格蘭開始的。

當時，伴隨著由一位幽默的風笛手吹奏的一曲《人就是這樣》，她在愛丁堡機場一走下飛機，就受到蘇格蘭式的熱情歡迎。

柴契爾夫人所到之處，成群的人擁過來看她，這使她原定漫步愛丁堡市中心的計劃不得不整個取消。

在王子街附近的聖詹姆斯商店區中心原預計會有數百人，結果三千多人湧了進來，可那裡只有六名警察在徒勞地試圖擋住他們。

幾位婦女暈倒了，有的人眼含淚水。因為人群擠靠著商店櫥窗，此時真有發生悲劇的危險。

眼看不可能繼續走路了，柴契爾夫人只好躲進一家珠寶店，在那裡她看到並買下了一枚蛋白石，後來她將它嵌在了一枚戒指上。

柴契爾夫人在蘇格蘭保守黨基層組織總能受到友好的接待。但她的政治蜜月持續時間並不長，緊接著，那種常見的政治生活便洶湧而來。形勢很快就清楚地說明，黨內一些實權人物開始給新一屆政府製造麻煩了。

4月初，哈羅德·麥克米倫和泰德·希思在青年保守黨年會上發表演講，主張警惕保守黨右轉。歐洲問題全民公決運動把焦點

打碎桎梏確立新政

放在歐洲問題上，進而又刺激了聯合政府的倡導者們的胃口。這一切，給柴契爾夫人的新政府帶來了更多的困難。

柴契爾夫人在議會的首次重要亮相，是參加西元 1975 年 5 月 22 日的經濟問題辯論。在會上，柴契爾夫人與哈羅德‧威爾遜進行了交鋒，她被嚴厲而公正地批評為，沒能令人信服地提出保守黨的替代性政策。

在當時，由於這種束縛，新一屆政府還不能突破現狀，提出一套適用的自由市場政策作為替代。

由於這些原因，柴契爾夫人的這次辯論沒有講好。看來，僅靠她擅長和喜歡的幾句提綱是代替不了內容廣泛的演講的。

作為議會前排議員的演講必須有一份準備充分的講稿，可以提供給新聞界。然而，這不單單是講稿的問題，根源在於政策上的矛盾尚未解決。

為此，柴契爾夫人必須打碎桎梏，確定自己新的立場，把自己的立場與反對其政策的立場一致起來，並使保守黨的替代主張更有力度，以確保其得以實施。

為了確立新政，政策研究中心和一批顧問，尤其是經濟問題顧問，向柴契爾夫人提供了主張和建議。

事實說明，從最主要的意義上說，這一制定政策的體制還很奏效，諸多大問題已經得到解決。

當時最重要的政策問題是如何對付通貨膨脹，這一問題一再成為公眾希望採取行動的最緊要問題，但同時又經常認為控制收入的政策，是戰勝通貨膨脹的唯一手段。

可是，如果控制收入，失業問題總是緊隨其後。

要討論產生通貨膨脹的原因和克服的辦法，就要涉及對前任政府的評價。

其實，阿蘭‧沃爾特斯早就申辯過，通膨是由於希思政府放鬆銀根造成的，柴契爾夫人原本也認為這是有道理的。

但現在的問題是，如果她公開接受這種觀點的話，則勢必會挑起更多的麻煩。

柴契爾夫人很清楚，如果遏制這一增長，就不僅會被推向她希望避免的嚴重的干涉主義，同時也會遭到工會的強烈反對。

而採取自願的收入政策也會陷入政治上的不利地位，因為工黨與工會有傳統的聯繫，很容易促使兩者聯手對付新政府。

在一次議會經濟辯論中，柴契爾夫人遇到了一系列困難。由於這些困難，她當時沒能針對政府政策提出替代性的政策選擇，這使她意識到急需釐清保守黨的立場。

而且進一步劇烈的社會分歧，也確認了這一必要。因此她決定，即使我們尚不能對某一觀點達成全體一致，至少也必須一致同意堅守一套能夠彌補裂痕的說法。

在這一系列的艱辛中，形勢促使影子內閣在收入政策上採取了一條團結的路線，既然要克服通貨膨脹，就要求一切經濟政策都必須以反通貨膨脹為方向，尤其是公共開支和貨幣政策。

收入政策可能會作為一整套綜合政策的一部分而起有益的作用，但它並不能取代其他政策，也不能對它本身期望太高。

柴契爾夫人的一系列舉措，雖稱不上是新穎的經濟學高見，至少也提供了一個打破桎梏的可行的模式。

攻心演講滿堂彩

擔任領袖幾個月以來，雖然遇到過諸多困難，柴契爾夫人還是以不錯的精神狀態迎來了秋季黨的年會。年會前的民意調查顯示，保守黨領先工黨 23 個百分點。

在黨的年會上，領袖演講與影子內閣其他發言人在年會上的發言大不相同。它必須有足夠廣泛的內容，以免有人批評演講者逃避某項棘手的問題。

另外，演講的各部分內容之間均要與主題呼應，否則到頭來你的演講就像柴契爾夫人所說的，那種掛滿誓言與功勞的「聖誕樹」，而且每談到一個新話題總是用「我現在談一談」這樣呆板的傳統開場句式。

柴契爾夫人正在掌握並深化這些演講知識，她認識到，一場有份量的演講要能引發全黨的信念，緩解懷疑者的憂慮，從某種意義上說更像詩而不像散文。

作者不應試圖使用華麗的辭藻，重要的是所蘊含的思想、感情和情緒。一些材料可能容易用來寫出觀點清晰又有說服力的文章，但也許根本不適合演講之用。

演講者必須細審講稿，發現有危險和語意不明之處則一定要刪掉。但即使是這樣一篇效果好的演講也許在印出來後，讀起來卻幾乎是蒼白無力。所有這些，自己需要在後來的幾年裡全部學會。

柴契爾夫人認為，經濟危機反映了民族的精神危機。她告訴她的講稿撰寫人，她不打算發表一篇經濟問題演講。經濟上之所以出了差錯是因為思想上和哲學原則上的其他方面出了差錯。

　　但是，內閣成員卻沒有理解她所傳達的思想。於是她本人不得不坐下來，寫了整整六頁手稿。然後，又請一位經驗豐富的記者進行刪改、構思和重新組織。至此，第一份草稿才算完成了。

　　在過去，黨的領袖只是在年會結束時才露面，像從天上下凡似的來到滿懷崇敬，又卑躬的人群中發表他的演講。但柴契爾夫人除了到會早之外，她還利用每個機會會見選區代表。她知道她必須爭取這些人的忠心。實際上，柴契爾夫人做到了年會組織者們所認可的極限。

　　在參加記者會和討論會的間歇裡，柴契爾夫人還要過問演講稿撰寫人的工作進展情況。亞當‧里德利協助撰寫經濟問題。安格斯‧莫德也不時參與進來，他同伍德羅一樣有那種，只需要一調整就能讓演講放出光彩的本事。理查‧賴德是講稿的總潤色人。

　　忠心耿耿的戈登‧里斯用他的專長，輔導首相如何宣講這份稿子，他關心柴契爾夫人在精彩段落之後，不要打斷掌聲急於往下講，戈登說一個不夠老練或缺乏自信的演講者會經常這麼做。

　　直到把整項工作完成時，柴契爾夫人才感到可以進屋睡上幾個小時了。

　　保守黨年會高潮的來臨，在布萊克普爾營造出了一種特別的氣氛。布萊克普爾真正發展成為海濱渡假地時，城裡的冬宮便以

維多利亞時代中葉的風格成為一處名勝。這裡有各式咖啡館、餐廳、酒吧、一家劇場，還有保守黨舉行年會主要活動的皇后舞廳。

舞廳一詞還遠遠不能真正表述其寬闊大廳的富麗堂皇，連同那寬敞的樓臺、那鎦金、飾粉、光豔奪人的奢華，給人一種溫暖的感覺，彷彿是對演講者的歡迎。

對柴契爾夫人來說，雖然幾乎是終日未眠，但她對自己那篇演講稿充滿信心，並把一切都寄望於它。

此篇演講有兩大宗旨：第一，要作一番總結性的闡述；第二，首相要闡明保守黨的觀點，尤其是那些闡述柴契爾夫人個人信條和信念的部分。她說：

> 請讓我向你們陳述我的觀點：即一個人有按他的意願工作的權利；有花他所賺來的錢的權利；有擁有財產的權利；有把這個政府當作公僕而不是太上皇的權利。
> 所有這些都是英國的傳統，它們是一個自由國家的特質，所有其他的自由都有賴於這一點。

當她演講開場並被掌聲和歡呼聲打斷時，她便放鬆了下來。顯然，柴契爾夫人撥動了人們的心弦，與其說是以她發表演講的方式，不如說更重要的是因為，她表達出了自信的保守黨人的情感。

在場的代表們聽到了他們自己的心聲發自會議講臺之上，於是報以巨大的熱情。

柴契爾夫人本人也受到熱情的感染。無論是臺上還是臺下，都蕩漾著一種氣息，那就是形勢正發生著某種變化。

　　在當了一年領袖後，柴契爾夫人覺得已能自立了，但她仍感到不適應在下議院擔任的新角色。她已與議會黨團及全國的保守黨組織，建立起密切的聯繫。她對於辦公室內的一小隊人馬的工作情況很滿意。這個時候，柴契爾夫人希望影子內閣也能盡快地被導入正軌。

走馬換將重組內閣

　　早在西元 1976 年，就是對柴契爾夫人進行考驗的一年。英國當時正陷入一場經濟危機，持續下去的話，不久就會把國際貨幣組織捲進來，直接充當在英國經濟運行中的一支力量。

　　工黨政府對此毫無良策，相當重要的原因是它正在失去在議會裡的多數，但保守黨也很難把這種情況轉為自己的優勢，顯然這是因為人們把工會組織看成是力量強大、無所不能的。

　　因此，柴契爾夫人總是被這個問題所迫而處於不利地位：「你們將如何對付工會組織？」或者更不利地說：「工會將怎樣來對付你們？」

　　除此之外，還有對影子內閣表現的廣泛批評，當然也包括柴契爾夫人本人在內。正是在這種情況下，柴契爾夫人決心要進行一些必要的改革。

　　西元 1976 年 1 月 15 日，柴契爾夫人重組了團隊。反對黨團隊的重組總有著強烈的鬧劇色彩。反對黨領袖在議會的房間的格局布置，使得她無法控制人們的進出，從而無法用適當的微妙的差別來對待走運的和不幸的同事們。尷尬的碰面總少不了。好在一次重組不會有很多血濺到地毯上。

　　重建的影子內閣面臨三大策略問題。首先就是新組成的政府將如何與工會組織相處，保守黨急切需要拿出一個令人信服的答案，因為隨著西元 1976 年底的到來，工黨政府垮臺的可能性越來越大。

影子內閣進行的討論，主要是以吉姆・普賴爾的一篇論文為基礎。論文敦促保守黨既要向選民表明其在形成政策時，是與英國職工大會協商過的，又要向英國職工大會表明這些政策會帶來繁榮和就業。但柴契爾夫人心存疑問，她在想，不用進行必要的改革就能取得這一切嗎？

　　政府最初在議會擁有的席位比其他所有政黨的席位合起來還多了 3 票，但這一優勢在不斷地縮小，以至於在西元 1976 年 4 月消失。怎麼最有效地利用這一情況，是保守黨遇到的第二個問題。在當時，政府的地位不穩，但仍能維持度日。

　　在柴契爾夫人成為黨的領袖一週年之際贏得了一項動議，把工業部長埃里克・瓦利的薪水減了 1000 英鎊，這對於柴契爾夫人的政府是有利的。

　　柴契爾夫人在重組中最先採取的行動沒有那麼激烈，她要求取消所有的關於議員對於不參加投票的安排，收回了在議會事務上的合作，要求政府就該法案重新表決。她這麼做旨在給政府製造最大的麻煩：不但他們所有的議員都得在重要投票時到場，而且政府不知道她要辦的事務多長時間才能進行下去。

　　西元 1976 年的英國經濟情況更加糟糕，這就是他們的第三個難題。人們希望保守黨支持工黨政府使用金融管制的舉動。但還有一種更廣泛的壓力，那就是要求保守黨在處理工黨政府責難時，採取負責的態度。這些呼聲，無論這是多麼值得讚揚的做法，卻必然會束縛柴契爾夫人的攻擊風格。

　　總的來說，西元 1976 年常規的政黨政治充滿挫折而毫無結

走馬換將重組內閣

果。儘管保守黨在民意調查中遙遙領先，工黨在眾議院的優勢也在消失，政府還是步履蹣跚。

保守黨對英國職工大會採取了開放的舉動，但陷入了僵局。國際貨幣基金組織監管起了英國的經濟政策，極度危機的氣氛開始緩和。但從更根本的角度來看，柴契爾夫人的事業還是有所起色。其中意識形態領域的成功，就是她任職以來的勝利果實之一。

西元 1976 年年會前夕，她的政府發表了《正確的思路》一文，有力地闡述了新保守主義。該文確實通俗易懂，堪稱戰後保守黨發表的寫得最好的文章，確實迎合了眾人的口味。該文成功揭示出在這整個時期存在著的一種至關重要的矛盾現象。

柴契爾夫人認為，從更高信仰、決心和哲學層次來說，這篇文章做得極有成效，它贏得了思想領域戰鬥的成功，更有深遠意義的是，這不但是贏得選舉的必經之路，也是她想要進行的變革和贏得持久的廣泛的支持所必需的。

柴契爾夫人的內閣重組在繼續。雷吉·莫德林作為影子內閣成員和外交大臣，他的所作所為一直令柴契爾夫人為難。當她讓他離開時，他盡其所能無禮地發作了一通，但他還是離開了。緊接著，柴契爾夫人又把麥可·赫塞爾廷調出工業部門並以約翰·比芬取代他，讓約翰·戴維斯取代雷吉掌管外交事務。

柴契爾夫人走馬換將，這種政治上的不穩定性讓每個人都感到不安。政府不再擁有壓倒性的多數。國內保守黨的支持者們覺得這一切不可思議。一場新的議會危機擺在柴契爾夫人面前。

在西元 1976 年 5 月召開的蘇格蘭黨會議上，柴契爾夫人加重語氣說道：「我不能支持這樣一個蘇格蘭議會，我們誰也不能支持成立這樣一個議會，如果我們認為它可能使聯合王國陷入危險境地的話。」她的這場演說聽眾反響良好，但顯然解決不了黨內糾紛。

柴契爾夫人開始堅定反對派立場。西元 1977 年 3 月，柴契爾夫人在託基向中央理事會作的報告中提醒全黨注意，一場大選正在來臨。

這個報告促使各黨派和他們的督導員們都使出了渾身解數。在此過程當中，柴契爾夫人為了使英國撥亂反正，她需要設法使保守黨左派和現在影子內閣中的部分成員，相信將來的政府所採取的措施。在她的努力下，國家方舟艱難地駛向她既定的彼岸。

福克蘭戰爭的勝利光環

馬爾維納斯群島位於阿根廷本土以南 300 公里的南大西洋上，總面積 1.2 萬平方公里。西元 1690 年，英國人約翰·斯特朗漂流到這裡，將兩個島嶼之間的海峽命名為「福克蘭海峽」。此後，英國人一直稱這裡是「福克蘭群島」。

西元 1764 年，法國在這裡建立居民點，將它命名為「馬爾維納斯」。西元 1767 年，西班牙將該群島併入西班牙在南美的屬地。西元 1816 年，獲得獨立的阿根廷從西班牙人手裡繼承了這些群島的主權。

西元 1833 年，國勢強大的英國以該群島最先為英國人發現而占領了它，儘管很多國際會議確認它理應屬於阿根廷，英國卻始終不予認同。從此，英阿兩國在群島主權問題上一直爭執不休，一度還因此中斷了雙方的外交關係。

西元 1979 年，柴契爾夫人執政後，立即同阿根廷軍政府建立聯繫。西元 1980 年 2 月，英國和阿根廷恢復了中斷的外交關係。

西元 1980 年 8 月，當時任內閣貿易大臣的瑟希爾·帕基生訪問了阿根廷，他在阿根廷商會說：

> 「英國正在為自己的工業前途進行努力，正在為企業的繁榮爭取有利的環境。我們一向鼓勵競爭。對於你們在這個方向上做出的努力，我只能表示歡迎。所以我們都能預見到，英阿兩國在經濟方面一定會更加密切地合作。」

由於柴契爾夫人的努力，英阿關係開始向好的方面發展，但福克蘭群島問題並未真正地解決。

　　當年的 11 月分，英國外交部官員尼辜萊斯‧雷德萊訪問福克蘭群島時表示：福克蘭群島可歸屬阿根廷，但必須要租借給英國使用。

　　阿根廷似乎聞到了此話的火藥味，所以在西元 1982 年 3 月 31 日當晚，阿根廷海軍先下手為強，突然向駐守福克蘭群島的英軍開了戰。

　　接到報告的柴契爾首相一面召集內閣緊急會議，商討對策，一面致電美國總統雷根和國務卿黑格，請求他們從中斡旋，對阿根廷執政委員會主席加爾鐵里將軍施加影響。

　　4 月 2 日，阿根廷軍隊進駐福克蘭群島。

　　3 日，英國議會下議院召開特別會議。柴契爾夫人語氣激動地說：

　　我們今天舉行會議，是需要眾位議員對一種十分嚴重的局勢作出反應。兩天前，英國的主權領土第一次受到了侵犯，並且於昨天已經落入了他人之手。

　　柴契爾夫人強調說：

　　福克蘭群島是屬於我國的領土，從西元 1883 年延續至今，我們沒有絲毫懷疑。

　　柴契爾夫人演講之後，下議院決議向南大西洋派遣海軍，決定用武力奪回福克蘭群島。這支部隊包括 62 艘海面戰艦、6 艘潛水艇、42 架戰鬥機和 200 架直升機。

福克蘭戰爭的勝利光環

柴契爾夫人說：「如果我們的許多朋友不能透過外交斡旋取得成功。那麼，我們就應該用實力奪回屬於自己的東西。」

很多議員都支持柴契爾夫人的行動，保守黨右派議員艾羅克・鮑威爾說：「首相的『鐵娘子』的稱號，是因為發表的對蘇聯及其盟國的意見而引起的。希望在今後的一段時間，全民族都能看到你是真正的『鐵娘子』。」

為了對付福克蘭群島，英國成立了戰時內閣。除首相外，還有內政、貿易、國防、外交等機構的官員組成。

柴契爾夫人加緊進行戰爭的準備，她打算要全力打贏這場戰爭。

她向議會解釋說：

「對於福克蘭群島問題，我們也希望和平解決。但由於天氣條件、地理條件，加之特種艦隊已迫近群島，如果我們施以軍事壓力，可能和平的機會會多一些。」

柴契爾夫人當天還發表電視演講說：「有人認為盡量不要使用武力，豈不知，在談判桌上永遠難以滿足貪婪者的胃口。」

柴契爾夫人還解釋了她發動戰爭的原因：

「天氣問題是我考慮的首要因素。冬天來臨後，寒風刺骨。那時跑到南喬治亞的冰上還能做什麼？我們應該記住，拿破崙就是在嚴冬季節在莫斯科被打敗的。」

4月30日，英方發布公告說，福克蘭群島周圍200海里為「禁區」；禁止任何阿根廷的船隻或飛機進入，否則後果自負。

5月1日清晨，一架英國轟炸機向斯坦利港「禁區」內投擲了 1,000 磅炸彈。

　　同天，剛剛接替了在福克蘭群島問題上表現遲疑的卡林頓爵士的外交大臣的佛朗希思・皮姆飛往華盛頓，同作為「調停人」的美國國務卿黑格會晤。

　　皮姆在華盛頓對記者說，轟炸斯坦利是為了推動和平解決福克蘭群島問題，目前除了要保證「禁區」的安全以外，尚沒有進行下一步軍事行動的計劃。

　　皮姆在美國發表這些談話的時候，英國的一艘核潛艇正在追蹤阿根廷的巡航艦「貝爾哥萊羅」。

　　5月2日，「貝爾哥萊羅」被擊沉，368 人死亡。

　　其間，頗為自信的祕魯總統貝洛恩德正在黑格、皮姆和阿根廷總統加爾鐵裡之間斡旋。他還認為能夠和平解決問題。因為他當天還曾對一個記者說，和平協議立刻就要簽署。

　　誰知祕魯總統的話音未落，就傳來了「貝爾哥萊羅」被打沉的消息。這使貝洛恩德顯得非常尷尬。據阿根廷軍方的消息說，「貝爾哥萊羅」並沒有進入英國宣布的「禁區」。英國國防大臣羅特也承認，「貝爾哥萊羅」只是靠近了「禁區」。

　　5月4日，作為報復，阿根廷的一架戰鬥機發射法制「飛魚」式導彈，一舉擊沉了英國的巨型戰艦「謝菲爾德」號。

　　兩起「擊沉」事件宣告福克蘭戰爭全面爆發，在美國的和平斡旋等外交手段完全停頓。

　　5月18日，聯合國祕書長佩雷斯・德奎利亞爾的調解宣告失敗，戰爭全面升級。

福克蘭戰爭的勝利光環

6月14日，阿根廷軍隊難以抵禦英軍的強大攻勢，宣布投降。

6月15日，消息傳到了倫敦，柴契爾首相頓感「如釋重負」和「妙不可言的愉悅」。

英國勝利了，那麼柴契爾夫人在這場戰爭中，到底得到了什麼好處呢？

事實上，英國占領福克蘭群島後，尚需派出相應的兵力、戰艦、飛機去守護。這筆費用，每年需要近七億英鎊。

柴契爾夫人曾說：「福克蘭群島是英國的，福克蘭島上居民是英國人。」英國官方也一直宣稱此次勞師遠征是為了「保衛」那裡的「英國同胞」。英阿之戰，英國損失16億英鎊的軍費。

英阿戰爭爆發後，受到了第三世界國家的嚴厲譴責。西方盟國則皆表示支持，但是，那些支持顯然更多的是表示一種朋友間應有的姿態，所以令人感到並不是出自真心。

美國表面上是「調解人」，在表態上比較含蓄，但美國總體上是支持英國的，對柴契爾政府也盡到了盟國之誼。雖然美國在聯合國的投票不能使英國完全滿意，因為那項決議沒有就福克蘭群島的主權說什麼對英國有利的話，但柴契爾夫人從心底是對美國感激的。

英阿戰爭打得不大，卻犧牲了200多名士兵，按理說是得不償失的，但因英國工黨領袖富特支持政府，整個工黨也沒有一致的反對意見，更重要的是這一仗使英國長期失去的民族「自豪感」得到了若干滿足。

其實，柴契爾夫人如此積極地發動福克蘭戰爭還有兩個重要原因。

柴契爾夫人想要在她的統治下重振大不列顛的帝國餘威。

自西元 1945 年二戰結束後，英國隨著實力的下落，國際地位逐漸下降。蘇伊士運河戰爭以後，緊接著是美國宣布了「填補真空」的「艾森豪威爾主義」，英國從中東的撤退。英國的地位在這一樁樁的事物中顯得越來越低落。

此次的福克蘭戰爭雖然是一場以強凌弱、以大欺小的戰爭，其影響也遠遠比不上蘇伊士戰爭，但是打勝了，就可以振一下國威、壯一回士氣。倘若說蘇伊士戰爭使英國蒙受了「民族屈辱」，那麼，這一次則算是挽回了一點面子。

柴契爾夫人覺得，只要自己做的事與民族的自豪感結合起來，那麼就一定會激起國民對帝國往事的追憶。

福克蘭戰爭後，柴契爾夫人曾說過這樣一段擲地有聲的話：

當我們準備打這一仗的時候，有些性格懦弱的人以為，即使我們真的去打了，也成不了大事；他們認為英聯邦的衰落已經難以挽回了，英國再也不是當年曾經統治四分之一世界民族的帝國了。事實上，他們大錯特錯了！

或許，有人認為打這麼一場小戰爭所贏得的「自豪感」延續不了多久。但是，無論如何，柴契爾夫人認為，在她出任首相的第三年就做了這麼一件事，畢竟是蘇伊士運河戰爭以來所沒有的。她的目的就是想透過這場戰爭把自己變成不列顛民族永遠銘記的代表。

福克蘭戰爭的勝利光環

柴契爾夫人發動福克蘭戰爭的另一個原因是,她此時已經在謀劃著下一次的大選了。按五年一任計算,下次大選應於西元1984年舉行。

依照慣例,英國首相有提前決定大選的權利,為自己準備有利的時機。若以「民族」的名義發動這場福克蘭戰爭,在勝利後即可以贏取民眾的選票。

「民族」和「民族主義」,在國際政治中最能激動人們的感情,最能把一個民族、一個國家的各階層的人們的情緒調動起來。

艾德華‧麥柯拿爾‧博恩斯是美國的著名歷史學家和政治學家,他對「民族主義」的歷史演變,曾經發表過這樣一段著名言論:

在法國大革命後的博愛理想薰陶下,近代世界的民族主義經歷了兩個階段的嬗變。

西元 1800 年至 1848 年的近半個世紀,民族主義只是對某一文化和語系的群體的效忠情緒,或者是擺脫外來壓迫的一種期望。

而進入西元 1848 年以後,民族主義卻發展成一種侵略性的運動,一些當權者常常以民族的名譽,把自己的統治擴張到相似的民族或有關的民族中去,而不管後者是否同意。

在我們生活的時代,雖然為求解放的民族主義也時有出現,但大多數已墮落成侵略、排外型的另一種意義上的民族主義了。

英格蘭第二帝國時期最著名的帝國主義者巴麥尊就是這樣一

個人，馬克思對其曾有一段精闢的評價，馬克思說，英國總是把自己的憲政說成是好得不能再好的政制，總是要讓別人也實行這種政制。這是英國的有歷史傳統的心態，它的對外政策中的一部分就是這種心態的反應。

現在，舊殖民體系已經崩潰了，但是，英國仍是殖民地較多的國家，它雖然已經修改了不少過去的政策，可昔日的意識和這種意識所支持的政策，並沒有絕跡。

在英國的統治者看來，只要是它的殖民地，它就享有主權，它就是殖民地的主人。

福克蘭群島危機雖然平復了，但是，阿根廷仍然沒有屈服，它仍然認為「馬爾維納斯群島」是它們的領土，而英國則以占領者的姿態，理所當然地認為「福克蘭群島」是大不列顛政府的。

福克蘭戰爭的勝利，對於柴契爾夫人來說，其意義遠遠超過了戰爭本身，這是無庸置疑的。事實上，柴契爾政府對第三世界國家的政策具有其傳統的特色。

就拿中東問題來說，在西歐各國政府當中，英國政府以親以色列而著稱。包括阿拉伯和以色列在內的中東國家，柴契爾夫人都曾訪問過，她也在倫敦接待過這些國家的領導人。

但是，她從來不承認巴勒斯坦民族解放運動的合法代表性。在阿拉伯國家組成的阿拉伯聯合代表團訪英時，她甚至拒絕接待巴勒斯坦的代表，也不允許英國外交部有絲毫的鬆動表現。

另外，柴契爾政府對待南非種族主義政權的表現也與眾不同。

南非種族主義政權曾於西元 1986 年瘋狂鎮壓南非人民，這

福克蘭戰爭的勝利光環

一舉動引起世界人民的強烈譴責，各國政府紛紛要求對南非政權進行全面經濟制裁。

但無論是在歐洲共同體內，還是在英聯邦內，英國都是不願對南非博塔政權進行制裁的少數歐洲國家之一。

柴契爾夫人在多種場合表示應「說服」南非當局放鬆和停止鎮壓，她的外交大臣傑弗尼‧豪遵照指示，曾作為歐洲共同體的代表前往南非與博塔會談，企圖「說服」南非當局，指望它發「善心」，但傑弗尼‧豪沒有完成柴契爾夫人交給他的任務。

柴契爾夫人的舉措雖然是為英國在南非的經濟利益著想，也是英國在西南非地區傳統政策的延續，但卻招致了英聯邦國家的不滿和指責，使其在英聯邦首腦會議上完全陷入孤立。

西元 1983 年 1 月，即福克蘭群島事件半年後，柴契爾政府又提出了一個新「國籍法」。早在西元 1948 年，英國曾發表過一個「國籍法」，當時的「國籍法」規定 47 個英聯邦國家以及殖民地的 9.5 億人都具有英國國籍。福克蘭群島事件後提出的這個新「國籍法」則根據 40 年來前殖民地區形勢的變化進行了修訂。

這個新「國籍法」把英國國民分成了如下三類：

首先是英國公民。英國本土、同聯合王國、海峽群島和曼島有密切血緣關係的人稱為英國公民。他們可以自由進入英國。
其次是英國屬地公民。即與現有殖民地有血緣關係的人。這些地區指香港、百慕達群島、維爾京群島、開曼群島、土克凱可群島、皮特肯群島、聖赫勒拿島以及英國在印度洋和南極區的屬地。
還有就是英國海外公民。這是同聯合王國和現有屬地的人都沒有血緣關係的人。

新「國籍法」規定，後兩類的「英國國民」沒有在英國定居的權利。但有兩塊領地，即直布羅陀和福克蘭群島的人獲特別許可，也可以登記為英國公民。

　　新「國籍法」從外表看來，沒有多少實質性的改變；其改動之處是不把殖民地的人民都看成是「英國人」了，但仍然要把原不是英國人的人，與英國國籍掛上鉤，以表示英國擁有的統治地位。

　　誰知道柴契爾政府的「好心」卻沒有被她的國民理解。柴契爾政府向人民解釋說，這類「國籍」是「過渡性」的，因為它是從殖民帝國時期的「國籍」問題承續下來的。

　　不理解的人指出，用這種辦法來處理遺留問題是不妥的。還有人則從另一角度尖銳地說明新「國籍法」加重了種族間的矛盾。

　　英國國教的精神領袖、坎特伯里大主教羅伯特‧朗西批評新「國籍法」不公平，說這部法律將會加劇種族之間的緊張氣氛，他還斷然指出：「這是一部令子孫後代不會引以為自豪的法律。」

　　這部法律規定，黑人婦女生的孩子必須向當局申請國籍，而白人婦女卻沒有這道程序。

　　在英國，無論是柴契爾政府，還是不理解新「國籍法」的人，都有一個共同的價值觀念，即認為英國民族是最優越的，他們覺得承認英國屬地的人是英國人，是「便宜」了他們。其實，這些觀點並不高明，二戰時期的戰爭狂人希特勒不是也認為他們「日耳曼人」才是世界上最優良的人種嗎？正是抱有這種觀點，所以他才對猶太人大開殺戒，才引發了死傷無數人的第二次世界大戰。

福克蘭戰爭的勝利光環

　　這種「人種論」自二戰後早已被有識之士拋進了歷史的垃圾堆，英政府的這種觀點只能讓世界上的大多數人失望，所以新「國籍法」受非議也就不足為奇了。

　　一個人的「國籍」要由別國來決定，無論怎樣決定，都依然反映的是所謂「帝國」的意志，這是人們對新「國籍法」不滿的另一個原因。

　　福克蘭戰爭以後，柴契爾政府任命了駐福克蘭群島新的行政長官，派出了弗朗克斯調查委員會到島上進行調查，以確定該島的歸屬。柴契爾政府要把福克蘭戰爭的果實敲定下來，並為英國在它的影響微不足道的拉丁美洲找一個落腳的地方。

　　福克蘭群島勝利的光環對於柴契爾夫人的政治生涯產生了不可估計的影響，正如戰爭失敗也會斷送這位「鐵娘子」的政治前程一樣，戰爭的勝利確實鞏固了她對保守黨的控制和對全國的統治。

　　戰爭結束之時，柴契爾首相不僅在英國名聲大噪，而且在國際舞臺上也風光一時。其實，這次勝利也為保守黨在下次大選中的勝利奠定了基礎。

　　在勝利的光環下，柴契爾夫人不由意氣風發，揚言「這個國家有決心完成它認為必須完成的任何事情，有能力完成它認為是正確的事情」。

　　她甚至說：「我們不再是一個日益衰弱的國家，我們有了新的信心，有能力解決經濟困難。這種信心在 8000 公里之外的戰場上承受住了考驗，並被證明是無堅不摧的。」

英國特種艦隊的艦艇經過漫長的航程之後凱旋。他們在碼頭上受到英雄般無比隆重熱烈的歡迎。這時，頑強捍衛大英帝國利益的柴契爾首相，一夜之間似乎成了溫斯頓‧邱吉爾第二了。

　　在西元 1982 年 10 月倫敦街頭舉行盛大遊行和閱兵典禮之後的歡宴席上，柴契爾夫人興高采烈地致辭說：「現在，人民重新建立了自信心和自豪感。一切懷疑和憂慮通通煙消雲散了。」

　　其實，福克蘭戰爭的勝利被人為地大大誇大了，何況英國為打贏這場戰爭而遭受了巨大損失，更何況英國打贏這場戰爭靠的是美國的幫助，因為在英阿交戰期間，美國不僅為英國特種艦隊提供了大量的軍事援助，供應尖端武器「響尾蛇」導彈，而且透過其先進的衛星偵察系統，向英方透露了大量有關阿根廷的軍事情報，從而使阿軍動向全部在英軍方的監控之下。

　　半年後，柴契爾夫人藉福克蘭群島英屬 155 年紀念日之際，冒生命危險連續坐了 23 小時飛機奔赴福克蘭群島巡察，憑弔為國捐軀的戰士亡靈。

　　在途中，她轉乘一架必須在空中加兩次油，性能簡單的「力士」號運輸機。隨從人員在飛機加油時個個嚇得直冒冷汗，而柴契爾夫人毫無懼色，鎮靜自若。

　　柴契爾夫人的福克蘭群島之行完全是為了獲得英國公民的諒解，尤其是為了安慰那些陣亡戰士的親屬，從而平息輿論界那些對這場戰爭持非議態度的人們的怨氣。她的這一目的達到了。

　　柴契爾夫人的任期本來要到西元 1984 年 5 月才屆滿，可西元 1983 年 3 月，英國的通貨膨脹率已降到了 15 年來的最低點，

福克蘭戰爭的勝利光環

僅為 4.6%；退休金增長率超過了通貨膨脹率；出口總值創 53 億英鎊的歷史新紀錄。

這些是她宣揚貨幣主義「政績斐然」的大好時機，而且福克蘭戰爭使她聲譽倍增。與此同時，她估計下半年通常經濟都要回跌，來年更是夜長夢多，高失業率預示著一場罷工的爆發。於是她看準了這個千載難逢的良機，提前大選。

這種「突擊選舉」創造了英國歷史上的最短紀錄 —— 從公布到投票只有 19 天。這等於不戰而勝，大選結果自不必說，她創下了二戰以來保守黨連任的紀錄。柴契爾夫人在其間的多方面準備工作，可謂做得精心而獨到。

坦然應對飯店爆炸事件

在英國南部，有一個叫布萊頓的城市，一年四季，這裡充滿陽光。布萊頓地區氣候溫和，每年都有成千上萬的人來這裡的海濱渡假。

西元 1984 年 10 月 12 日，夜深人靜。然而在豪華的布萊頓大飯店，底層寬敞的大廳和華麗的酒吧間裡，仍有不少身穿晚禮服的男女人士在談笑。他們是正在參加西元 1984 年英國保守黨年會的代表們，剛剛舉行過一場社交舞會。此時，餘興正濃，他們正在品嚐臨睡前的最後一杯美酒。

瑪格麗特‧柴契爾夫人這天也住在這家豪華的飯店裡，她有夜間工作的習慣。現在，她正在為幾小時後要在年會閉幕式上宣讀的稿子進行潤色加工。

凌晨 2 時 50 分，突然，整個飯店在一聲雷鳴般的巨響中劇烈地搖晃起來。頃刻間，磚石橫飛，塵土瀰漫，門窗的震裂聲和樓層的塌陷聲響成一片，人們在黑暗中大喊大叫，被這突如其來的事件嚇呆了。柴契爾夫人桌上的稿紙被強大的氣浪噴得四處飛舞。她在兩分鐘前剛剛離開的浴室頓時塌陷下去。

說時遲，那時快，還沒等柴契爾夫人從混亂中清醒過來，一群皇家保安人員已沖進她和丈夫柴契爾先生住的「拿破崙套間」，並將他們迅速轉移到樓下大廳。

此時，柴契爾夫人才被告之，這是愛爾蘭共和軍做的。他們

坦然應對飯店爆炸事件

在飯店的五樓，放置了一枚爆炸力極強的炸彈，這枚炸彈將飯店大樓的正面從上到下炸開了一個 10 公尺深，5 公尺寬的大窟窿。爆炸的衝擊在大樓內劈開了一道豎井。硝煙中，殘磚破瓦和玻璃碎片撒滿了旅館前面的大街。

爆炸發生後，救援人員憑藉電視攝影設備的燈光進行搶救。受過專門訓練的警犬在廢墟中跑上跑下，尋找著受傷者的位置。每找到一個人，消防隊員便用斧頭扒開磚瓦和塵土，把壓在下面的人搶救出來。而及時開來的吊車伸出長臂，救出一個又一個被壓在樓上的人。

柴契爾夫人不愧為「鐵娘子」。當爆炸後的濃煙還在翻滾的時候，首相就一邊拍著身上的塵土，一邊大聲詢問救援的人：「要我幫忙做點什麼嗎？」

一些新聞記者聞訊趕來，要首相發表評論。「鐵娘子」看著倒塌的大廈和混亂的人群，低聲說道：「我聽說過這些慘案、這些爆炸，我也希望這樣的災難不要降臨到我的頭上，然而生活並非總像人們期望的那樣。」接著柴契爾大聲宣布：「爆炸並不能阻止我們，年會如期舉行！」

9 時 30 分，也就是爆炸六個小時後，保守黨的年會在緊靠著飯店的布萊頓會議中心按時舉行。柴契爾夫人如同凱旋的英雄，受到聽眾的熱烈歡迎。

大會首先靜默兩分鐘，向爆炸中的遇難者致哀。接著，大會以絕對多數通過了政府關於北愛爾蘭的政策。這天下午，柴契爾夫人在演講中譴責了愛爾蘭共和軍的恐怖活動：

炸彈襲擊，是一種最不人道的，不加任何區別的，對無辜的人進行的一種殘害。這種想改變政府意志的襲擊就如同想要透過恐怖主義，消滅民主勢力的任何企圖一樣，是永遠不會得逞的。

她的演講獲得了長達 7 分鐘的歡呼。緊接著，柴契爾夫人趕到皇家蘇賽恩醫院，足足花了兩個半小時，探望受傷者。

儘管柴契爾夫人「福大命大」，沒有成為爆炸事件的犧牲品，但有四個人不幸遇難了，另有 34 人受傷。

調查大飯店的爆炸事件在緊張進行。但關於恐怖分子如何進入旅館、何時安放炸彈等情況，警方一直沒有掌握確切的證據。由於這次年會召開的時間一年前就已決定，因此，恐怖分子可在大會開幕前幾個星期內的任何時間埋置炸彈。

這枚炸彈據說是用玻璃紙包著的，從而使警犬無法嗅出來。愛爾蘭共和軍聲稱，這枚炸彈有 45 公斤，但爆炸專家認為，這枚炸彈只有 9 公斤。然而由於這是一枚小型定時炸彈，製作精密，爆炸力很強，從而造成不小的破壞。

年會舉行前，柴契爾夫人和她的丈夫住在二層的「拿破崙套間」。緊靠她的左側隔壁，是外交大臣傑弗尼·豪的房間。再向左，則是內政大臣布里頓。事後人們才知道，這座八層樓的四星級飯店的 178 套房間，住滿了政府部長和保守黨的要人。全體內閣成員也住得十分接近。這種安排，對恐怖分子來說真是千載難逢的絕好機會。

住著這麼多要人的飯店會發生爆炸，人們自然就會指責保安工作的安排。警方立刻開始調查，他們分析檢查了所有飯店工作

坦然應對飯店爆炸事件

人員的個人的身分背景，但卻一無所獲。負責治安的地方官員不得不承認，「在一些環節上出了故障」。

北愛爾蘭共和軍進行恐怖行動已有很長時間了。從西元 1972 年起，其活動範圍和目標已不侷限在北愛爾蘭，開始擴展到英國本土。在十幾年時間裡，他們進行了一系列的刺殺、爆炸活動，造成 80 多人喪生，1,300 多人受傷，以致老百姓一提到北愛爾蘭共和軍就惶惶不安，擔心橫禍隨時可能降臨到自己頭上。

面對恐怖分子咄咄逼人的攻勢，英國政府加強了反恐措施。在這次事件發生後，英國在北愛爾蘭建立起了一支特別突擊隊，專門對付恐怖行動。

打壓和削弱工會權力

　　柴契爾夫人一直設法減低工會的權力，但手法卻異於希思政府。希思政府主要的手段是透過單一的法案，但柴契爾夫人的手法卻變本加厲。在受命於英國經濟下滑期的柴契爾夫人所採取的一系列措施中，削弱工會權力是其經濟改革的一項重要內容。

　　柴契爾夫人在第二次組閣後，成功化解了西元 1984 年至 1985 年的英國礦工大罷工，使其以失敗告終。西元 1985 年，英國政府最終關閉了 25 個不營利的國有化礦場，並在西元 1994 年把所有礦場私有化。

　　西元 1984 年英國煤礦工人的大罷工，就其參加人數之多和延續時間之長來說，在歷史上都是罕見的。當時的西方報刊曾把西元 1984 年英國煤礦工人大罷工，與 20 世紀上半葉最著名的礦工大罷工相對比，認為西元 1926 年的大罷工是世界性經濟大蕭條的前奏。

　　人們也都記得，西元 1974 年煤炭工人大罷工曾促使愛德華・希思的保守黨政府辭職；西元 1979 年的罷工也在很大程度上，促使了卡拉漢的工黨政府倒臺。

　　而西元 1984 年的煤礦工人大罷工，其聲勢和規模都大大超過了前兩次，柴契爾政府卻不僅安然無恙地度過了這一危機，而且在別人栽跟頭的考驗面前取得了勝利，在別人退避三舍的事件中反而奮力前進，百折不撓。這位「鐵娘子」把挑戰和鬥爭作為

打壓和削弱工會權力

堅定她意志的實戰鍛鍊，而實戰勝利後又大大增強了她的使命感和自信心。

西元 1984 年由工會發起的大罷工，企圖或極力地在政治上挫敗柴契爾夫人。捷運、醫務工作者、全國鐵路以及若干工廠的罷工形成了英國有史以來最大的全國罷工浪潮。還有不少行業也宣布要舉行「同情罷工」以聲援醫院護士和鐵路工人，罷工浪潮勢將更加洶湧。

靠乘捷運和火車上班的公務員和工人很多都不得不駕駛私人汽車，致使公路擁擠，受阻的汽車長龍延伸數十公里。平時 40 多分鐘的路程，現在需要走 4 個多小時。這種因交通癱瘓而造成的混亂現象據說也是空前的。

英國保守黨政府一直被財政問題所困擾，因此提出了一個緊縮的國家預算：削減政府開支，包括防務開支。政府同時向人民作出減徵企業稅、增加社會福利費等諾言，聲明要採取措施制止通貨膨脹，增加就業機會，振興工業。新預算當時受到社會輿論的好評，認為是個將使英國經濟復甦的預算。

可是過了不到一個月，便發生了馬爾維納斯群島事件。福克蘭群島之戰在英國財政清單上是一筆非同小可的額外開支，福克蘭群島問題以英軍占領而暫告一段落，但事情並未結束。柴契爾夫人說英國要「單獨保衛該群島」。據估計這就使英國國庫每個月可能要支付一億英鎊之多。

福克蘭群島之戰打亂了英國政府原來的打算。緊接著的壞消息接踵而來：外匯儲備降低，失業率增高，破產企業增加，經濟

增長緩慢。而罷工浪潮又衝擊著各行各業，使英國每天遭受著成億英鎊的損失，工人們增加薪資的要求更難得到滿足，減稅和增加社會福利費的諾言正在化為泡影。

全國礦工聯合會的一位領袖氣憤地說，政府花得起 35 億美元去殺人，竟無法給護士們增加一些合理的薪資。

在嚴重的經濟蕭條情況下，政局自然動盪不安。黨內在經濟政策上一直不能協調。工黨和由工黨分裂出去的社會民主黨，都在盡量利用保守黨的傷痕作為進攻的資本，希望在下次大選中取保守黨而代之。但是，將來無論哪一黨主政，恐怕都不能從根本上擺脫由來已久的經濟困境。

在罷工浪潮中，以全國礦工聯合會發動的罷工最為知名。但是，柴契爾夫人對礦工聯合會的這次罷工已早有充足準備，她之前已經增大了煤的儲存量，所以並未對發電廠的供應構成影響。

另外，警察所採用的手法則令人質疑有違公民自由之嫌：警察除了阻止任何罷工的支持者接近罷工礦場的範圍，而且更與罷工礦工的糾察隊在約克郡歐格李維爆發了激烈的流血衝突。

可是，由於全國礦工聯合會發動的罷工除了沒有事先舉行選舉，是違反新修訂的法律之外，又以武力阻止其他礦工如常上班，因此這次罷工並未得到大眾輿論的認同，其中以南部及諾丁漢郡的礦區為甚。

事件最後以過半數礦工重回崗位，迫使工會無條件投降而告終。自此以後，保守黨政府保證無意毀滅本土採礦業，又對罷工礦工承諾他們的職業受到保障。但保守黨政府仍舊在西元 1994

打壓和削弱工會權力

年採礦業私有化之前,把全部 15 個國營礦場一一關閉。

這次全國礦工聯合會的罷工起自西元 1984 年初,至西元 1985 年初完結,歷時整整一年,柴契爾的強硬態度迫使工會無條件「投降」,柴契爾獲得最後勝利,工會勢力大減。

柴契爾夫人本人與工會勢不兩立,把工會當成「工業的敵人」來看待,理由是說它「歪曲了勞動力價值,對經濟在其他方面正常地發揮作用產生了消極的影響」。所以工會在這位「鐵娘子」的極右派眼光裡,簡直成了「洪水猛獸」和「最邪惡的敵人」。

在罷工浪潮洶湧襲來的時刻,柴契爾夫人仍鎮定如常,但她對工會的譴責也如連珠炮似的傾瀉出來。7 月 19 日,她對保守黨「1922 年委員會」發表了演講說罷工的礦工和他們使用的暴力,是「國家臉上的一道傷痕」,她大聲疾呼以喚起「民族精神」,嚴詞指出:

> 我們曾不得不在外部世界、在福克蘭群島去抵禦外敵。現在我們則必須時刻注意我們內部存在的敵人。他們將更難對付,他們是對自由的更大威脅。

最後,她殺氣騰騰地表示,「將動用《緊急權力法》」來鎮壓罷工說:「哪一個政府會替納稅人接受這樣一張空白支票。」,「誰也不能不管煤礦是否營利而讓它們開著。」

在柴契爾夫人對罷工工人大張撻伐的同時,她內閣中的有關大臣也傾巢出動,紛紛發表談話,對罷工工人進行口誅筆伐,並指責工會領導人煽動暴亂,蓄意「搞垮議會民主制度」。此後,政府在造過興論之後,隨即加緊了鎮壓行動。

西元 1985 年到了，英國的罷工雖還在繼續進行，但遠遠沒有西元 1984 年 4 月和 5 月間那樣的衝勁，用「強弩之末」來形容是再恰當不過的了。到了西元 1985 年 3 月，持續一年多一點的英國罷工鬥爭以失敗而告終，它沒能阻止英國政府關閉部分煤礦的決定。

至此，「鐵娘子」征服了「暴民」，在歷史上一直以戰鬥性強而馳名國內外的英國煤礦工會，從此一蹶不振，裹足不前，連帶著使英國的工人運動也陷入了低潮。而在工運與政府的對抗中，人們看到了柴契爾夫人強硬作風的「奇蹟」；反過來，這又成了她一往無前、奪取勝利的巨大資本。

柴契爾夫人的很多政治決定都改變了英國，她預防了福克蘭群島陷入殺人集團之手，並提醒人們為成為英國人感到自豪。但柴契爾夫人對工會，尤其是全國礦工聯合會的強硬態度，卻幾乎毀掉了英國。當時柴契爾夫人命令警察採取強硬手段，低估了對手。

事實上，儘管柴契爾夫人對工會的打壓最後取得了勝利，但是，在這之後，幾乎所有國營礦場被全部關閉，幾乎毀掉了英國礦業。

對「歐共體」堅持強硬立場

西元 1987 年，美蘇核談判進入了微妙階段，人們擔心美蘇在消除中程導彈問題達成的原則性協議中，美國會把西歐的利益當作籌碼，並犧牲西歐的利益。為此，柴契爾夫人穿梭於歐美之間，與雷根達成共識，並使雷根保證了在與蘇聯進行的核裁軍問題上不拿英國做籌碼。

柴契爾夫人堅持西歐，尤其是英國要保留核武器，因為在她看來，核武器是維護世界和平與防止戰爭的法寶。這抬高了英國的國際地位。

柴契爾夫人與雷根的談判實際上造成了西歐代言人的作用，這使得懷有「二心」進入歐共體的「不守本分的歐洲人」即英國，在西歐改變了一點國際形象。

柴契爾夫人於西元 1987 年開始醞釀提前大選。柴契爾夫人與她的前任相比，更會選擇選舉的時機，她第二次選舉利用了福克蘭戰爭的勝利，而這一次她卻準備利用大選的經濟繁榮場面，和自己在國際事務中的影響，尤其是西歐其他國家開始，對她為核裁軍問題所作的努力而有所好感的時候，她便宣布提前一年於西元 1987 年 6 月 11 日舉行大選。

在以後執政的歲月裡，柴契爾夫人始終把通貨膨脹率控制在 0.4 成左右，而經濟增長率卻持續保持在 0.3 成左右，這在已開發國家，只有日本能與之相媲美。

自 1950 年代以來，戰後歷屆政府都把高經濟增長率和低通貨膨脹率作為奮鬥的目標。這些目標在麥克米倫的經濟政策中、在威爾遜「科技白熱化」的呼籲中、在 1970 年代初希思的「平靜的革命」中，都曾明確提出過。

　　然而，之前的每一屆政府都失敗了。他們對病症的判斷大致相同，但都無法對症下藥、去除病根。這不是他們缺少分析能力，而是缺乏解決問題的決心，和鐵面無私的獨斷手段。可是，這「決心」和「手段」在柴契爾夫人身上找到了。

　　隨著柏林圍牆的倒塌，歐共體實現貨幣統一的可能性逐步向現實性轉化。這是所有歐共體成員國的財政大臣們盼望已久的轉化。與此同時，歐共體主席德洛爾關於歐洲問題的三步計劃設想也加快了步伐。

　　德洛爾主張首先讓所有歐共體成員國，加入歐洲貨幣匯率機制，然後實現所有中央銀行的合作，最後實現經濟與貨幣的統一。這是泛歐主義的最高象徵，也是西歐聯盟的真正紐帶。

　　西元 1990 年 10 月 28 日，羅馬歐共體十二國首腦會議的閉幕會上，英國首相柴契爾夫人成為受人矚目的焦點。人們都希望柴契爾夫人顧全大局，不要一意孤行，不要總是與歐共體的一些政策過不去。然而人們從這位「白臉蝴蝶」的嚴肅面容中，發現了這位「蝴蝶」並不熱情，而儼然像蘇聯人所說的「鐵娘子」那樣，一臉「鐵青」。

　　柴契爾夫人不顧多數內閣大臣們的贊同意見，斷然地對 1994 年開始實施歐洲貨幣聯盟的第二階段計劃投下了唯一的反對票。

對「歐共體」堅持強硬立場

頓時，輿論界譁然。

柴契爾夫人對歐洲政治一體化的深惡痛絕，並非是因為擔心過分一體化帶來的刺激而採取一種情有可原的謹慎態度，而是出於一種充分的自信心理。她認為，實行單一貨幣是剝奪英國主權的行為，而這恰恰是削弱「大英帝國」在國際事務中的地位的一種開端。

自柴契爾夫人執政以來，長期患了「英國病」的英國經濟從1982年起，增長速度比德國、法國和義大利都快。

與此同時，柴契爾夫人自恃與美國有著特殊的關係，是歐美關係的「仲介人」，與東方大國的關係也不錯，她訪問過中國和蘇聯，與中國就香港問題籤署了《中英聯合聲明》，同蘇聯的戈爾巴喬夫也幾度親切地握手。

柴契爾夫人奉行邱吉爾的「三環外交」政策，卻又和邱吉爾一樣刁鑽，常常站在賭桌旁玩弄歐共體這張實際上對美、日和東方都頗有份量的王牌，而自己卻不太情願加入其中，她自恃手中有核武器，不需要歐洲其他國家來保護英國。

因此，她不願意在「出賣英國主權」的同時降低英國的國際地位，尤其是削弱了英國在歐洲扮演的「領袖角色」的地位。

然而，柴契爾夫人始料不及的是這一次所投下的唯一一張反對票，不僅沒有贏得人們的「讚美」，也沒有再獲得「鐵蝴蝶」或「鐵娘子」的雅稱，卻注定了她在英國作為政壇之霸主的地位將一去不復返。

柴契爾夫人在她第三屆首相任職期內，與歐洲共同體維繫著

一種若即若離、模棱兩可的關係。她既想堅持自己的固有立場，又刻意要在特定時刻「為英國下一屆大選準備和出於對英國經濟利益的考慮」表現出一定的靈活性。

柴契爾夫人一方面堅持不列顛的主權，維護英國的「自由」和捍衛英國的利益，不甘心英國就此迅速融入歐洲共同體政治經濟的一體化中，而執意要在英美「特殊關係」的基礎上重新建立大英帝國的形象。

另一方面，她又不得不面對英國已喪失「超然」於歐洲共同體之外的歷史條件的現實，被迫參加歐洲共同體的一體化進程，並在國內外反對她奉行對歐洲共同體政策的強大壓力下，不得不在一定範圍內和在一定程度上與歐洲共同體其他成員國進行合作和協調。這樣她的政策便不可避免地出現左右搖擺，令人難以捉摸。

柴契爾夫人的這種矛盾多於合作、僵硬多於靈活的政策，在她於 1988 年 9 月布魯塞爾歐洲學院的一次演講中，已表露得一清二楚。在那次演講中，她明確反對共同體委員會主席德洛爾關於建立聯邦主義的統一歐洲觀點。

儘管柴契爾夫人支持英國在歐共體中占有一席之地，但是她認為該組織的作用只能是保證自由貿易和有效競爭。1988 年，她評論道：「英國的邊界已經不可能回到從前，我們現在只看到了在歐洲層面進行的重新劃分，這就是歐洲超級大國在布魯塞爾策劃的事情。」她認為歐洲的統一應是在對獨立主權國家的聯合，而且不能損害民族利益和國家主權這種雙重原則。

對「歐共體」堅持強硬立場

1988 年 11 月 30 日，歐洲人權法庭認為英國的拘留制度違背了歐洲法律。這在英國國會引起了巨大的爭議，有人由此呼籲修改憲法。柴契爾夫人憤怒地作出了回應，她批評了歐洲人權法庭的裁決，還批評了比利時和愛爾蘭拒絕引渡派翠克·瑞安神父回英國接受指控的行為。她告訴公眾：「我們應該謹慎地下判斷，還要好好思考受害人和潛在受害人的人權。」

在 1989 年 6 月歐共體峰會之前，財政大臣尼格爾·勞森和外務大臣傑弗尼·豪試圖說服柴契爾夫人加入匯率機制，為歐元做準備，並廢棄英鎊的貨幣地位。

他們以辭職為要挾，但是柴契爾夫人和財政顧問艾倫·沃爾特斯堅決反對這項提議，認為英鎊應該能自由浮動，歐盟會員資格只會限制英國經濟。最終勞森和傑弗尼·豪都辭去了職務，柴契爾夫人仍然堅定地反對歐洲貨幣體系。

正因為柴契爾夫人堅持如此鐵定而又鮮明的僅對歐共體的立場，使英國在多數情況下在歐共體內處於絕對孤立境地。英國在重新安排歐洲的進程中始終成游離狀態，在很大程度上成了局外人。

柴契爾夫人的這種僵硬立場還強化了保守黨內的矛盾和分裂。緊接著內閣進行了第一次調整，1989 年 7 月，外交大臣傑弗尼·豪因與首相在歐洲貨幣聯盟方面的意見相左而被調出外交部。同年 11 月，財政大臣勞森也由於同樣原因而掛冠離去。1990 年 11 月傑弗尼·豪又由於反對首相在歐洲問題上的觀點而主動辭去了副首相的職務，由此觸發了柴契爾夫人的領導危機。這位對首相一貫言聽計從，對工作任勞任怨，但仍保留著副首相

頭銜的傑弗尼‧豪已經為柴契爾夫人效忠了 15 年之久，這次之所以拂袖而去，堅決辭掉副首相一職，是因為柴契爾夫人 1990 年 10 月 30 日在英國下議院答辯時，曾以斬釘截鐵的口吻說：「如果有人要求我們放棄英鎊，那我的回答是：不！不！不！」這三個「不」字，使一貫忠順的傑弗尼‧豪忍無可忍，便於 11 月 1 日向首相正式遞交了辭呈。

副首相傑弗尼‧豪的辭呈固然震動了柴契爾夫人，但這還不足以構成對「鐵娘子」權威的挑戰。要命的是這位在柴契爾內閣中歷任財政大臣、外交大臣、下議院領袖、樞密院長和副首相等要職的老臣，在柴契爾麾下立過汗馬功勞，如今他也開始了「背叛」。

他在 11 月 13 日發表的辭職演講中說了這麼短短幾句發人深省的話：「我為黨和國家做了我認為正確的事。現在該輪到其他人考慮他們對忠誠的悲劇性衝突作何種反應了。我本人與忠誠較量的時間也許太久太久。」他最後還籲請大臣和議員們把國家的利益擺在對首相柴契爾夫人的忠誠之上。

傑弗尼‧豪這樣振臂一呼，雖然還沒達到那種天下應者如雲的地步，但至少在保守黨和下議院內是投下了一枚「震撼彈」，動搖了柴契爾首相的根基，也震撼了英國政壇。從此，柴契爾夫人在人們心目中的威信已江河日下，頹勢難挽。

就在傑弗尼‧豪發表辭職演講的第二天，素懷異志的前國防大臣麥可‧赫塞爾廷隨即抓住有利時機，正式宣布了競選黨領袖的聲明，向柴契爾夫人挑戰。結果「鐵娘子」與赫塞爾廷的第一輪決選，就為她自己的政治生涯畫上了終止符。

急流勇退宣布辭職

西元 1990 年 11 月 19 日，當倫敦西敏宮中的兩派保守黨人，正在為競選保守黨領袖而嚴陣以待、即將拚鬥之際，柴契爾夫人卻盛裝淡抹、雍容閒雅地含笑走上臺階，同等候在愛麗舍宮門前的法國總統密特朗握手言歡。

20 日，巴黎歐安會如期舉行。柴契爾夫人端坐在克萊貝爾會議中心，正在侃侃而談、滔滔雄辯、滿面春風的時刻，在倫敦唐寧街下議院 12 號會議室裡，選舉保守黨領袖的投票即將開始。

選舉工作由「1922 年委員會」主持。在投票箱前斂聲屏氣地端坐著主席翁斯洛和三個選定的監票人。

10 時，保守黨議員們魚貫入場。由於柴契爾夫人與外交大臣赫德遠在巴黎與會，特由其指定的代表代行投票。

當天 18 時投票結束，議員們悉數退場。會議室雙門密閉，翁斯洛及監票人開始計票。

半小時後，議員們又魚貫進入會議室，翁斯洛朗聲宣布選舉結果：「柴契爾：204 票；麥可‧赫塞爾廷：152 票；16 票棄權；第二輪投票定於 27 日進行。」

按照保守黨選舉制度的規定，柴契爾夫人必須以超過第二位候選人，15% 保守黨議會席次的票數才能在第一輪決選中獲勝。亦即在赫塞爾廷得到 152 票的情況下，柴契爾夫人的得票數應不少於 208 票，如今她還差四票才能達到標準。

如果投票前「鐵娘子」不是遠隔英吉利海峽，而是親臨議會督戰或在投票前能將支持赫塞爾廷的，下議院保守黨議員再爭取過來哪怕兩個，她就足以度過難關，穩操勝券了。可惜這已成定局，是嗟悔無及的遺憾了。

　　然而，恰恰是這關鍵的兩票，當時還有 16 票棄權，在兩天後便結束了柴契爾夫人 15 年黨魁和 11 年半的首相生涯。

　　當晚，她獲悉她在第一輪競選中未能獲得，擊敗赫塞爾廷所需要的票數時，先是有些不相信，隨後就作出了反應。

　　她對記者發表談話說：「我擁有議會黨團中一半以上的選票，但並沒有超過赫塞爾廷所獲得選票的百分之十五。也就是說，我們可能會進行第二輪投票以決出最後的勝利者。」

　　隨後，她在英國大使館更換了正式禮服，同其他國家的政府首腦一道出席了在凡爾賽宮舉行的芭蕾舞會和宴會。當時，她的精神狀態極佳。

　　21 日 10 時，柴契爾夫人待歐安會散會後，旋即飛返倫敦，並決心「繼續努力，參加第二輪選舉」。

　　為此，柴契爾夫人還改組了競選團隊。當時，她還聽到了一些令她鼓舞的消息。

　　她的忠實的盟友羅爾曼‧特庇特和保守黨主席倍科對她說，她的第一輪失敗可能是「由於組織不善和缺乏決心」，他們預測她在第二輪角逐中能夠取得勝利。

　　但在當天晚上接見的 19 位內閣大臣中，就有 12 位要她退出第二輪決選，其中 3 人甚至以辭職相要挾。

急流勇退宣布辭職

至此，柴契爾夫人不得不哀嘆：「被拋棄的是我，拋棄者則是歷來被我視為朋友的人，他們貌似坦誠，像是在為我的命運操心，實則是無情的背叛。」

最後的打擊是她新確定的競選指揮約翰・韋克厄姆帶來的。韋克厄姆報告了他在議員中發現的情況：「內閣是正確的，她必須辭職。」

21 日晚，倫敦的上空寒氣逼人。在唐寧街 10 號辦公室的柴契爾夫人也感到了真正的寒意。

不久之前，她還非常有信心地說，她準備擊敗向她發起挑戰、爭奪保守黨領導權的前國防大臣赫塞爾廷。

她當時豪情萬丈地宣布：「我要繼續戰鬥，我要戰鬥到勝利！」

在下議院作關於歐安會巴黎首腦會議的報告時，她的情緒也一直不錯。

隨後，柴契爾夫人在下議院她的辦公室裡，會見內閣大臣和她的老盟友。

然而此時，他們中的大多數人卻傳達了令她失望的訊息：在她第一輪競爭中未能完全擊敗赫塞爾廷之後，基層民眾已失去信心。支持她繼續做下去的人已經不多。

也就是說，保守黨黨內的大部分人都希望她退下來。保守黨議員愛德華・尼說，這就像發生了一次宮廷政變。

倫敦一家大報的記者也發表文章說：

柴契爾夫人在幾小時內就意識到，她已經脫離了現實，她的支持
者們只是把著眼點集中於她早期的勝利，而對她其後的執政已經
失去了信心。

由於投票之後反對首相的聲浪高漲，衝擊著保守黨的後座議
員，以及「柴契爾時代已經結束」的觀點在他們中間日益傳播，
加上昔日忠於首相的內閣大臣紛紛背叛或多持保留態度，柴契爾
夫人眼看大勢已去，被迫於西元 1990 年 11 月 22 日宣布退出競
選，同時宣布辭職。

從西元 1975 年柴契爾夫人成為保守黨的領袖到西元 1990 年
辭職，柴契爾夫人擔任保守黨領袖達 15 年之久。

在柴契爾夫人的領導下，保守黨連續三次贏得大選，這在保
守黨的歷史上也是一個輝煌的奇蹟。

擔任首相期間，柴契爾夫人推行了一系列的社會經濟改革，
創造了所謂的「柴契爾奇蹟」，她的一系列政策措施也被冠之以
「柴契爾主義」。由於其不畏艱難、銳意改革的形象，她還贏得了
「鐵娘子」、「好鬥的瑪吉」的美譽。

柴契爾夫人在任英國首相 11 年半之後，在政治的漩渦中急
流勇退，不能說不是一個明智的選擇，儘管頗感「冤枉」也罷。
政治，畢竟是最殘酷的職業！那麼，究竟是什麼原因使保守黨人
竟然捨棄了他們多年的領袖呢？

這裡面有其深層次的原因。瑪格麗特‧柴契爾是自溫斯頓‧
邱吉爾以來英國最老練的政治家，她一向堅定地站在抗爭的第一
線。這帶給她無數次的幫助，但是卻未形成一個愉快的內閣。她

急流勇退宣布辭職

的大臣們有時抱怨說，內閣中和內閣委員會的爭論太多了，因為柴契爾夫人非常喜歡公開進行激烈的爭論。隨著時間的流逝，欽佩她的人少了，不滿增加了，越來越多的人加入了對她抱有敵對情緒的人的行列。

另外，自「二戰」結束後，歷屆政府都迴避改革地方政府的財政問題，認為這個問題太棘手，但柴契爾夫人明知山有虎，偏向虎山行，結果付出了沉重的代價。例如：許多以前支持她的人都因為實行人頭稅這個新制度而疏遠了她。而人頭稅並不是人們對政府普遍不滿的全部原因，還有一個原因是因政府的行為致使銀行利率大幅度上升。

下議院對柴契爾夫人不滿意還表現在她對歐洲問題的處理方式上。這個問題已成為英國政治中的首要問題。

這倒不是說，柴契爾夫人在與歐共體其他成員國進行談判時，有什麼地方損害了英國的利益，相反，她在各種場合、各種角度都極其固執且巧妙地維護英國的利益。但令人遺憾的是，她的粗暴作風使她建立了眾多的敵人。

11 月 22 日，柴契爾夫人辭職的當天，即從唐寧街 10 號把其家產全部搬出，這標誌著英國政治中一個時代的結束。她在保守黨員的眼淚、讚揚及相互責備的氣氛中結束了她的統治生涯。

當天，柴契爾夫人在離議會不遠的首相府唐寧街 10 號為那裡的工作人員舉行告別晚會。

這顯然不是一個喜慶的晚會，許多大臣在這裡都為她的辭職流下了留戀的熱淚。

11 月 25 日，柴契爾夫人又特地來到她的鄉間別墅，向在這裡曾為她工作的同事告別。

當時許多人都哭了，一位工作人員說：「我們都對她的辭職表示遺憾，真不知道還有誰能取代她的位置。」

還有一位工作人員深情地說：「真捨不得走，她待我們就像朋友一樣。」

一些報紙也發表了文章，稱她為 20 世紀和平時代最偉大的首相，有的文章甚至稱讚她可與率軍與羅馬帝國作戰的英女王相媲美。

世界各國對柴契爾夫人辭職表示欽佩，美國總統布希得知柴契爾夫人辭職後說：「她是英國的一位傑出的首相。就個人而言，我會想念她，因為我珍視她長期經驗累積得來的智慧。」

蘇聯外交部發言人格拉西莫夫說：「我們將永遠記住她對西方和蘇聯建立的良好關係，以及做出的偉大貢獻。」

法國政府發言人宇貝爾·維德尼拿說，密特朗總統已於 22 日給辭職的英國首相柴契爾夫人寄了一封信，總統在信中稱：

她標誌著她的國家和歐洲的歷史的一個重要時刻。

德國總理柯爾的祕書長說：「她已經成為歷史的一部分。她選擇辭職是明智的。」

南非總統戴克拉克讚揚柴契爾夫人在全世界壓力面前，仍反對制裁南非，與普利托利亞站在一起。

他說：「柴契爾夫人相信南非在民主道路上有能力解決自己的問題。我們對她的辭職表示欽佩。」

急流勇退宣布辭職

西元 1993 年 10 月 30 日，柴契爾夫人在卸任近三年之後，意氣風發地飛抵巴黎，出席她那回憶錄《唐寧街歲月》一書的首發儀式。在巴黎，她接受了法國《費加羅報》對自己的採訪。

當記者問到她在「管理英國達十多年時間」裡，「什麼事情」最使她「感到自豪」時，這位英國前女首相不假思索地朗聲答道：

> 「我使英國恢復了聲望，使其經濟得到復興，並削減了稅收。我清除了行政管理方面的繁文縟節，大力推行國家企業私有化計劃。最後，我還謀求對工會進行改革，這是當年邱吉爾都不敢做的事情。」

卸任辭職後，離開唐寧街 10 號首相府的柴契爾夫人仍然不甘寂寞，不僅經常發表言詞，議論英國「朝政」，而且還不時扮演她還想「重新塑造世界事務」的角色。

卸任之後，柴契爾夫人很快就邁入了「古稀」之年，但她仍然精力充沛，活動頻繁，直來直往，能言善辯，議論中仍不乏辛辣和攻擊性。

承受喪夫之痛

西元 2003 年 1 月，柴契爾夫人的夫婿丹尼斯・柴契爾爵士在兩週前再度感到不適而住院，並接受心臟手術。

6 月 26 日，丹尼斯・柴契爾爵士因心臟病突發，不幸在倫敦萊斯特醫院逝世，享年 88 歲。

柴契爾家庭的發言人說，丹尼斯・柴契爾在倫敦萊斯特醫院中安然去世時，他的家人隨侍在旁。

在丹尼斯・柴契爾爵士再度住院時，他的醫生本來希望為他再作進一步的檢查。他在醫院時心情快樂，柴契爾夫人也曾多次探望他。他們的兒子馬克特別從南非飛返英國，在父親彌留期間在病榻旁守候。女兒卡洛兒也從瑞士返抵倫敦。

柴契爾夫人這樣緬懷她的丈夫：「擔任首相就得承受孤獨，你無法在群議紛紛裡領導國家。然而我從未感到孤單，因為有丹尼斯的陪伴。他是多麼好的一位丈夫啊！」

在西方國家的要員經常曝出緋聞的今天，柴契爾夫人與丹尼斯・柴契爾爵士相識相知相愛，他們半個世紀相濡以沫的完美婚姻，成為愛情忠貞的典範受到世人的廣泛傳頌。

西元 1953 年，丹尼斯和瑪格麗特的雙胞胎兒子馬克和女兒卡洛兒出世，使家庭更加溫馨幸福。

丹尼斯・柴契爾曾在皇家砲兵部隊中服役，後來從事石油生意，成為百萬富翁。他把自己在石油生意中所賺的錢，用來幫助妻子瑪格麗特繼續從事自己的事業。

承受喪夫之痛

　　西元 1975 年，瑪格麗特‧柴契爾夫人擔任保守黨領袖並當選為英國首任女首相。她處理內政外交幹練果斷，政績突出，名揚世界，被稱為「鐵娘子」。丹尼斯‧柴契爾則巧妙地扮演了「緊隨其後」的角色，顯示出為她奔波並參與社交活動的熱情。

　　西元 1984 年，愛爾蘭共和軍在愛爾蘭海濱城市布萊頓，炸毀了柴契爾夫人出席保守黨年會下榻飯店，丹尼斯當時就同夫人在一起共歷艱險。

　　西元 2002 年底，76 歲的柴契爾夫人與 87 歲的丈夫在馬德拉群島度假，慶祝兩人的成婚。在舉行紀念活動時，柴契爾夫人突然輕度中風，行動不便，言語不清。丹尼斯立即送愛妻到醫院治療，並在勸她退出公開的政治演講中造成了關鍵的作用，使她的病情得到及時有效的控制並很快康復。

　　丹尼斯常說：「作為首相的丈夫應隨時伴隨她左右。」他在生活上無微不至地關心妻子，在政治上常提中肯建議，在經濟上又是堅強後盾，給了柴契爾夫人以巨大的鼓舞和支持。

　　柴契爾夫人曾經在西元 1985 年擔任保守黨領袖十週年之際承認，「沒有丹尼斯我將無法做到這一切」。她在自傳《唐寧街歲月》中又這樣寫道：

> 如果沒有丹尼斯在旁，我根本沒有可能擔任首相超過 11 年。他
> 是精明的建議與事件深刻洞悉的源泉。半個世紀的相處讓我感到
> 沒有丹尼斯的支持我將一事無成。

　　從這些話中可以看出丹尼斯對愛妻幫助之大。柴契爾夫人能成為英國歷史上任期最長的女首相，成為世界上權力最大的女

人，將她的政治生涯推向頂峰，她的丈夫丹尼斯可謂厥功至偉。

正如國際媒體所報導的：「人們普遍認為，丹尼斯·柴契爾是瑪格麗特·柴契爾夫人這位當代重要政治人物的堅強後盾。」

柴契爾夫人失去相濡以沫五十多年的丈夫，精神上遭受重大打擊，終日沉浸在無盡的痛苦和哀思之中。

7月3日，頭戴黑帽、身穿黑色喪服的柴契爾夫人手捧玫瑰花環，在從南非和瑞士趕回來的兒子馬克和女兒卡洛兒的攙扶下，來到位於倫敦郊外的切爾西皇家醫院參加丈夫的葬禮。

120位親屬和老朋友也應邀出席了隆重的送別儀式。當面容憔悴、悲痛欲絕的柴契爾夫人出現在葬禮上時，在場的所有人都為這生離死別的淒涼場面黯然泣下。

柴契爾夫人的前任新聞祕書稱：「對於柴契爾爵士的逝世我感到萬分悲傷，我對他有著很多美好的回憶，他不僅是首相的丈夫也是首相的幫手。」

布萊爾的內閣成員約翰稱：「在英國，無論男女老少，也無論他們的政治信仰如何，丹尼斯都贏得了他們的尊重與深深的愛戴。他對柴契爾夫人的政治生涯做出了巨大的貢獻。他一直在幕後給予她支持和力量。」

英國首相布萊爾得知柴契爾爵士逝世的噩耗後，立即向柴契爾家族表達了他最深切的同情。他說：「丹尼斯·柴契爾是一個成功的商人，一個為家庭付出了一切的男人，一個忠誠的朋友；同時，也是一個令人忘憂的夥伴。正是這些品格，使他能夠在柴契爾夫人的整個政治生涯中提供極大的支持。」

承受喪夫之痛

對於這些讚譽，丹尼斯·柴契爾爵士是當之無愧的。外國顯要人物追求變相的一夫多妻制緋聞，不斷地出現在報刊上。丹尼斯·柴契爾則與他們迥然不同。

在瑪格麗特·羅勃茲還是普通議員時他們相識相愛結婚。丹尼斯不是顯要人物，做石油生意發財成為百萬富翁後才跨入富人行列，但他從未花心移情別戀，而是忠於愛情，恪守責任，熱愛家庭，為家庭付出了一切。

甘當綠葉扶紅花，甘心為世界上權力最大的女人巧妙地扮演了「緊隨其後」的角色，在政治上、經濟上、生活上給了愛妻「鐵娘子」以巨大的幫助和支持，為把妻子的政治生涯推上頂峰，他做出了不可磨滅的寶貴貢獻。

如果說一個偉大的男人後面有一個傑出的女人，那麼，對於柴契爾夫婦，可以說是在一個偉大的女人後面有一個傑出的男人。

柴契爾夫婦相濡以沫長達半個多世紀的堅貞愛情和完美婚姻，堪稱當今西方世界的愛情經典，不僅促成了柴契爾夫人在政治上的巨大成就，還使她贏得了世界政壇上「鐵娘子」的美名。

自從她丈夫去世後，這位在擔任首相11年中改變了英國的「鐵娘子」面容消瘦，不成樣子，需要別人的幫助及關心，身體也十分脆弱。雖然柴契爾夫人曾有多次中風紀錄，健康狀況大不如前，但她仍堅持經常回辦公室工作。她的女兒稱「媽媽仍很堅強」。

他們是幸福的，他們的幸福似乎並不是因為金錢和權力，而是因為他們相互擁有了對方。他們作為當代夫妻的楷模，還得到了國內外公眾的熱烈讚揚和廣泛傳頌，這在西方國家更是難能可貴。

為不肖兒奔波操勞

在倫敦海德公園附近，有一所幽靜的住宅，英國前首相瑪格麗特・柴契爾夫人就隱居於此。

古稀之年的柴契爾夫人坐在窗前，注視著窗外海德公園的美景。自從西元 2003 年丈夫丹尼斯・柴契爾去世後，在英國政壇叱吒風雲多年的「鐵娘子」，開始流露出膽怯和猶豫，記性也越來越差。

五年來，她一直待在海德公園附近切斯特廣場的這棟住宅裡。她十分孤獨，每天早上醒來後，無事可做。從前，她一直堅持為丈夫做早餐，這個習慣從新婚燕爾持續到老，即使身為首相時也是如此。但現在，沒有人來吃她的早餐了。

她只好在自己的餐廳裡掛上了丈夫的畫像。每一次吃飯時，她坐在畫像的對面，和「丈夫」說話。有時候，卡洛兒回家了，她就變得異常高興，一邊吃飯一邊不停地說：「女兒，你父親沒有離開我們，你看到他了嗎？」

卡洛兒難過地低下頭，她握著柴契爾夫人的手，一遍遍向她重複一個事實：「親愛的媽媽，爸爸再也不會回來了。西元 2003年，他做完心臟搭橋手術五個月後就去世了。是您把他送到墓地的，您記得嗎？那一年他都 88 歲了，所以您不要難過。」

柴契爾夫人的身子抖了一下，她短暫地清醒過來，像個無助的孩子一樣，迷茫地看著女兒，眼裡湧出淚水，喃喃自語：「丹尼斯！」曾經，丹尼斯驕傲地對她說：「我和一個了不起的女人

為不肖兒奔波操勞

度過了幾十年的美好時光，我所能做的一切就是愛和忠誠。」

喪夫之痛占據了柴契爾夫人的心靈。有一天凌晨 1 時，她突然醒來，穿戴整齊，一身盛裝，要求去墓地看望丈夫。幸好家門前的警衛不讓她離開。得知此事後，她有限的幾個好朋友趕來家中：「夫人，您需要一個全職看護了。」

退休以來，柴契爾夫人最大的寄託，就是和所有名人一樣，接受世界各地的邀請，到處發表演講。她依然保持著英國上議院議員的身分，在一些重要的日子裡，她會出現在上議院的會議上。她滿足於這樣的生活，感覺到自己仍然活躍在鎂光燈下。當時，她很開心地在倫敦東南部薩達克區的道爾維奇購下了一處別墅，準備和丈夫丹尼斯在那裡度過一個美好幸福的晚年。

但她終究搬了家，住進倫敦市中心現在的住所裡。原因之一就是，她的年紀越來越大，從市區送醫院方便些。此前幾個月的一天，她被送往醫院，又再度被搶救過來。

昔日叱吒政壇的「鐵娘子」如今的暮年生活顯得那麼孤單落寞、晚景淒涼。歲月不饒人，對於老年的柴契爾夫人來說面臨的最大問題就是身體大不如以前。更讓她痛苦不堪的是，她正經歷老年痴呆症的折磨。

幾乎可以說，直到今天「柴契爾」這個名字仍然經常會出現在全世界的媒體上，因為這個名字總是用來指「柴契爾主義」。

由於數次輕度中風，柴契爾夫人將不再進行任何公開演講，同時退出一切社交活動。不過此後英國議院還是經常邀請她前往。大多數時候柴契爾夫人只是坐著聽，不發表什麼看法。

柴契爾夫人的記憶力在中風後大大受損。她幾乎從不讀書看報，這對於她已經「毫無意義」，因為她幾乎是看了下句忘了上句，有時候甚至是一句話沒有讀完就忘了開頭。

　　不能透過媒體再來獲取訊息，這對於柴契爾夫人來說是莫大的痛苦，畢竟她曾經擁有驚人的記憶力，能隨口說出多年前的經濟數據。不過她患上的健忘症非常奇怪，她能清楚地回憶起半個世紀前的事情。

　　有一次，她的一位朋友來看她，在交談中對方隨口說道：「哦！這簡直就像戰時的定量配給！」柴契爾夫人在聽到「定量配給」後眼睛一亮，萎靡的她忽然容光煥發，滔滔不絕地和朋友講述起了二戰時的很多往事，包括她如何將單調乏味的豬肉罐頭，烹調成美味食品的每一個小細節。

　　柴契爾夫人變得越來越虛弱，日常生活已受到影響。一次，柴契爾夫人自己也私下告訴朋友，她經常睹物「忘詞」，怎麼也想不起一些熟悉事物的名稱。

　　身體上的衰老畢竟與歲月有關，柴契爾夫人或許還能忍受，但精神上的折磨也許是她怎麼也過不去的坎。雖然開闢了一個時代，在位時也是人緣很廣，但柴契爾夫人的晚年生活很是悽慘，就連朋友都是少之又少。

　　柴契爾夫人身邊僅有一些工作人員陪伴。她很少看電視，不大喜歡出門，甚至經濟也不算富有，像一個普通的老年孀婦一樣，過著寂寞的日子。此外，精神上很受傷害的她還不得不為自己的孩子操心。無論是昔日叱吒風雲的政壇人物，還是今日深居

為不肖兒奔波操勞

簡出的老婦，柴契爾夫人始終不變的角色是媽媽。

柴契爾夫人的女兒卡洛兒·柴契爾西元 2005 年在澳洲參加了一個野外生存挑戰節目後，獲得「叢林女王」稱號，成了另一個「鐵娘子」。兒子馬克曾經宣稱在一生中他只對媽媽柴契爾夫人、他自己以及上帝負責，然而他非但未能對媽媽負責，相反給「鐵娘子」帶來了很多麻煩。

西元 2004 年 3 月 29 日，赤道幾內亞發出了全球通緝令捉拿馬克。如果不是他的姓氏，馬克·柴契爾無論是再婚還是被通緝，人們不會太注意。但他是英國前首相柴契爾夫人的兒子，一切就不一樣了。這個西非國家的總檢察長何塞·奧洛·奧博諾氣惱地說：「我們有證據，四年前他在我國煽動了一場未遂的政變。可我問過國際刑警組織，沒有人知道他現在在哪裡？」

話音剛落，英國記者就在西班牙的太陽海岸發現了滿不在乎的馬克。他拍拍記者的肩膀：「我結婚了，就在兩天前，在英屬直布羅陀的一個政府辦事處裡，是祕密婚禮。」

「柴契爾夫人不知道你再婚？」

「哦，你登報了，她就知道了。」

第二天，馬克遠在瑞士的姐姐卡洛兒看見了報導，她氣急敗壞地說：「媽媽的身體每況愈下，與我這個不爭氣的弟弟脫不了關係。」

西元 2004 年 8 月，馬克就因涉嫌參與赤道幾內亞未遂政變在開普敦家中被捕。

西元 2004 年聖誕節前夕，柴契爾夫人不得不拖著病體遠行，為其籌措了 16.7 萬美元的保釋金。官司於西元 2005 年 1 月 13 日告結，馬克獲准保釋離開南非。西元 2006 年，馬克因另一起官司又再次入獄。

　　很難想像，溫文爾雅的丹尼斯和鐵腕作風的柴契爾夫人，怎麼生了一個惹是生非的馬克！

　　對於弟弟惹的麻煩，卡洛兒無比難過：「我擔心媽媽，這對她的身體一點也沒有好處。」

　　應該說，馬克還是很了解她媽媽的處境，作為人子有同情之心，他說：「自從 18 年前告別唐寧街 10 號之後，我媽媽沒再過上一天真正意義上的好日子。」

落寞的老婦生活

　　歲月不饒人，老年的柴契爾夫人面臨的最大問題就是身體大不如以前。柴契爾夫人晚年，獨自居住在倫敦的一所公寓裡，像一個普通的老年孀婦一樣，過著寂寞的日子。

　　柴契爾夫人的女兒卡洛兒在即將出版的《在金魚缸裡游泳》一書中告訴讀者：媽媽患上痴呆症，幾乎無法拼湊出一句完整的話，「現在，只有當她談及唐寧街首相府的生活時，才能偶爾看到當年的影子」。

　　卡洛兒寫到，她一直認為媽媽永遠不會老，也不會受到傷害，媽媽在她心中是鋼鐵般堅毅的女強人。從前她對媽媽說話從來不用說第二遍，因為媽媽有著令人驚嘆的好記性。

　　然而現在，年邁的柴契爾夫人不厭其煩地問著相同的問題，根本沒有意識到她自己在做什麼。

　　柴契爾夫人還一次又一次地忘記她的丈夫在 2003 年已經去世。卡洛兒說：「我需要不停地告訴她父親已經去世的壞消息。」

　　卡洛兒說，媽媽常會發問：「我的車子什麼時候來？我該幾時去見美髮師？」這類問題，她如今會不斷地重複提出。

　　英國保守黨主席肯·貝克稱讚她是英國「在和平時代最偉大的首相」、「世界的一位傑出領袖」。

　　但也有很多英國人曾為她的下臺感到歡欣鼓舞，他們認為，一場「全國性噩夢」結束了。

據說，晚年柴契爾夫人很少有知心朋友，她過去在唐寧街結交的所謂政壇好友幾乎從不和她來往。

2002年10月77歲壽辰時，她只收到了區區四張生日賀卡，她原以為至少會收到幾十張。這樣的現實讓「鐵娘子」很傷心。

孤獨的柴契爾夫人把她77歲生日時收到的可憐的四張賀卡仔細地擺放在壁爐臺上，她似乎想以此來警示自己，她沒有就此退縮，而是繼續她一貫的「鐵風」。

在2005年10月13日八十大壽時，她大擺宴席為自己力挽頹勢。讓她欣慰的是，包括很多政要和各界名人在內的六百五十多人前來捧場。

與柴契爾夫人有著30年交情的一位朋友說，「她雖然被奉為大眾偶像，但真正的柴契爾夫人卻早已被人們遺忘」。柴契爾夫人晚年幾次被媒體關注，都是因為自己的身體問題，或者自己製造出來的新聞事件。

但這個「過氣」的政治家，有著絕對屬於她的巔峰時代。

柴契爾夫人在最初步入英國政壇的時候，包括對於工黨的「社會主義」，她都深惡痛絕。1970年代中期躋身保守黨領袖後不久，其激烈的反蘇言論便為世人矚目。

當時歐洲大陸正籠罩在「緩和」的祥瑞氣氛中，柴契爾夫人卻率先對「緩和」提出質疑和攻擊，認為蘇聯的「緩和」政策不可信，指責蘇聯在「緩和」的煙幕下發展強大的軍事力量，對西方的壓力有增無減。

1976年，她說蘇聯是對西方世界的「最大威脅」。柴契爾夫

落寞的老婦生活

人的這些基於「強硬立場」的演講，言辭激烈而尖銳，在世界上引起了強烈的反響。工黨政府的國防大臣羅伊森批評她是「冷戰鬥士」。

而蘇聯官方宣傳機構塔斯社則把她戲稱為「鐵娘子」、「冷戰專家」，並發動了對她的攻擊和謾罵。

有一幅蘇聯漫畫畫著柴契爾夫人騎著一把掃帚飛越英國國會大廈上空，標題是「西方的邪惡女巫」。

在 1978 年的大選中，柴契爾夫人還以此標榜：「俄國人說我是鐵娘子，他們說對了，英國就是需要一個鐵娘子」、「這是對我的最好的讚揚」。

人們不能忘記一個時代名詞，那就是「柴契爾主義」。有人曾經問柴契爾夫人：「你做了哪些改革？」

她回答說：「我改革了一切。」

在 1979 年柴契爾夫人上臺的時候，國內經濟衰退，特別表現為通貨膨脹、高失業率和投資萎縮。在國際上，由於長期患「英國病」，英國「歐洲病夫」的形象突出起來。

她認為，病根在於國營企業。為此她大力推行「私有化」的政策，將國有化企業的股份賣給私人，使人們都成為企業的股東，造成一種「大眾資本主義」。這一私有化的措施便是左派分子深感厭惡的「柴契爾主義」。

在向國營企業開刀的同時，她也向工會開刀，削弱工會的權力，進行工會改革；又對工人罷工採取了強硬立場。

她認為，任何立法如果不體現為強硬的行動，就會流於形

式。然而，她的這一政策卻造成嚴重的失業問題，使柴契爾特別不受英國傳統採礦地區工人們的歡迎。

她還決定停止長期以來英國「國家當保姆」的福利政策，使之更經濟、更有效，但這一政策同樣在國內引起反對風波。

面對失業人數遽增、罷工浪潮不斷，不少同僚強迫她增發通貨 50 億美元，以保障經濟的恢復。

然而柴契爾夫人憤然疾呼：「聽著，我這個女人可不是任人擺布的！」

「作為一個女人，你應該具有同情心。」有人這樣評價她。而丈夫丹尼斯的反應是：「同情這個詞從來就沒有出現在她的字典裡。」

1979 年柴契爾夫人在踏上唐寧街 10 號臺階的時候，對其支持者說出了著名的一段話：

> 混亂處我們帶來和諧，
> 錯誤處我們帶來真實，
> 懷疑處我們帶來信任，
> 沮喪處我們帶來希望。

即使是柴契爾夫人最堅定的支持者恐怕也很難舉出一個例子，可以證實她執政 11 年中給英國帶來的「和諧」。

但英國之外的很多人都對柴契爾夫人非常尊重，尤其是在不少國家的女性心中，柴契爾夫人曾經是她們崇拜的偶像。

一個女孩問男孩：「你長大以後想做什麼？」

男孩說：「當首相。」

落寞的老婦生活

　　女孩很吃驚：「男人也能當首相嗎？」這個女孩就是當年的
瑪格麗特‧柴契爾，後來的英國首相柴契爾夫人。

　　那個當年的首相夢，被柴契爾夫人實現了。

古稀之年的風光

西元 2005 年，柴契爾夫人度過了自己的 80 歲生日，來賓包括女王、愛丁堡公爵、亞歷山大公主和首相布萊爾。

在她收到的賀詞中有一份這樣寫道：

> 您的最大成就是同時改造了保守黨和工黨兩個政黨，因而隨著工黨上臺，柴契爾主義的政策得以全盤延續下來。

10 月 13 日，在英國首都倫敦，英國前首相瑪格麗特・柴契爾抵達生日宴會現場。

當日，慶祝柴契爾夫人八十壽辰的盛大宴會在倫敦一家酒店舉行，包括英國女王伊麗莎白二世和英國現任首相布萊爾在內的數百名貴賓參加了宴會。

西元 2005 年 10 月 13 日，這位昔日的大人物迎來八十大壽，不管是多年的朋友還是曾經的政敵，很多人專門給柴契爾夫人發來生日祝福，高度評價她。

綜合英國多家媒體報導，柴契爾夫人在媒體上拋頭露面的頻率不是很多。

早在柴契爾夫人西元 1979 年至 1990 年任英國首相期間，她與當時的美國總統雷根交好，英美兩國合作密切。

西元 2004 年，柴契爾夫人赴美參加多年老友雷根的葬禮。悼辭是數月前錄製好的，經歷了幾次小中風後，她的表達能力已今不如昔。

古稀之年的風光

在舉行生日宴會前不久,柴契爾夫人於911恐怖攻擊事件五週年之際,應美國副總統錢尼之邀,親赴美國華府,參加911恐怖攻擊事件五週年紀念典禮。

西元2001年9月11日,從華盛頓飛往洛杉磯的美洲航空公司航班客機在途中被恐怖分子劫持,撞毀了五角大樓西側一角,造成該機和地面上184人遇難,其中多數為五角大樓工作人員。

美國國防部舉行儀式,紀念911事件五週年。美國副總統錢尼、國防部長拉姆斯菲爾德、參謀長聯席會議主席佩斯,以及美國軍方和政府代表、911事件遇難者家屬數百人參加了當天的紀念活動。

紀念活動在911事件中五角大樓西側被客機撞擊的地點附近舉行。

當地時間上午9時37分是航班客機撞向五角大樓的時間,參加紀念儀式的人員在這一時刻全體默哀,悼念184位死難者。

美國國務卿賴斯在美國國務院主持儀式,紀念911事件五週年。八十高齡的柴契爾夫人在11日當天參加了教堂彌撒儀式,並與美國副總統錢尼以及部分911事件遇難者的親屬出席了這一活動。

柴契爾夫人接下來參加了國務院舉行的追思典禮。柴契爾夫人還於當年4月,參加了美國前國防部長溫伯格的葬禮,親臨致哀。

儘管總的來說媒體對她的報導不多,但是,八十壽辰無疑使她重新回到了全球媒體的鎂光燈下。

在她的生日到來之前，她收到了來自四面八方的祝福和問候，其中充滿了對她的敬佩和稱讚。

　　柴契爾夫人曾經是英國保守黨領袖，所以現在執掌保守黨的麥可‧霍華德高度評價了柴契爾夫人，將她與著名首相溫斯頓‧邱吉爾相提並論。

　　曾經在 1990 年代激烈攻擊過柴契爾夫人的前議員洛德‧豪也表示，雖然柴契爾夫人執政的 11 年經歷了成功和失敗，但不可否認那是一段輝煌成就期。

　　柴契爾夫人的一對雙胞胎兒女也會在晚宴上亮相，給媽媽送上生日祝福。

　　其實，自從離開英國首相的寶座以來，柴契爾夫人已經不再是當年的「鐵娘子」，她的生活低調、寂寞、淒涼。

　　不過，雖然在相當長的時間內很多人已經淡忘了柴契爾夫人，但每到關鍵時刻，柴契爾夫人還是會「挺身而出」，為保守黨出力。

「柴契爾主義」的深遠影響

西元 2005 年 10 月 13 日，柴契爾夫人風光地度過了八十壽誕。但尋常日子裡，這個卸除了權力的女人已經逐漸變成一個平凡、孤獨的老婦。

儘管如此，她的繼任者卻發現，「柴契爾」仍然是一個繞不過去的名字，無論你支持她還是反對她，她都在那裡。

西元 1997 年，工黨戰勝了保守黨，新首相布萊爾上任後立即表示，他的政府要繼續貫徹「柴契爾主義」，並結束英國人習以為常的社會福利制度。

三年以後，布萊爾在柴契爾下臺十週年之際又迫不及待地宣布「柴契爾時代已經結束」。

連保守黨代理主席彼得・黎利，過去柴契爾夫人最忠實的助手之一，也公開表示柴契爾主義已經過時：「公眾的最大不滿在於保守黨對福利制度的敵意，保守黨必須承認，自由市場機制在推動醫療、教育和福利等公共事業方面能力有限。」

但時至今日，不少英國人仍然感到，他們的生活和這個如今已經深居簡出的老婦人息息相關，她仍然影響著這個國家。

「布萊爾的新工黨和柴契爾的老遺產——好的方面與壞的方面，塑造了今日的英國。」一家英國媒體這樣評價：「儘管柴契爾執政只有 11 年，但她的影響會一直持續數十年的時間」。

柴契爾夫人曾說：「我們明白自己要做什麼，於是去落實執

行。大英帝國再次壯大了。」就讀化學出身的她自大學時代起就熱衷於政治。在牛津大學讀書時，她加入了英國的保守黨，曾擔任該黨在牛津的協會主席。

畢業後，柴契爾利用擔任化學研究員的業餘時間，攻讀法律，最終走上參政之路。

柴契爾上臺後，開始了大刀闊斧的改革，因此獲得「鐵娘子」的稱號。她以毫不妥協的態度，為英國的沉痾開出處方，這些政策後來構成了所謂的「柴契爾主義」。

英國人對柴契爾愛恨交加，支持者認為她帶領英國走出了經濟困境、提高了英國的國際地位；反對者認為她就是一個不折不扣的獨裁者、自大狂，幾乎毀掉了英國的福利制度。

西元 1990 年，通貨膨脹的壓力越來越大，柴契爾大力推行不得人心的地方政府人頭稅制度，希望借此度過難關；不僅如此，她還竭力反對歐洲一體化，宣稱「英國的經濟和政治的獨立高於一切」。

柴契爾的強硬觀點得罪了不少本國民眾和歐洲各國官員，支持歐洲一體化的內閣成員也接連辭職。

不久後，她在保守黨議員投票中票數大跌。柴契爾意識到了問題的嚴重性，於當年 11 月 22 日辭職，含淚離開唐寧街。

十幾年過去了，柴契爾在普通民眾中的分裂形象依然存在。西元 2002 年，在 BBC 舉辦的「100 名最偉大的英國人」評選中，她名列第十六位，排在她前面的包括邱吉爾、黛安娜和莎士比亞。

「柴契爾主義」的深遠影響

僅僅一年後，英國電視臺舉辦了一場「你最痛恨的 100 個最壞的英國人」的民意調查。參選條件是「目前還活著、並且沒有關在監獄或者正被起訴的人」。柴契爾夫人榮登探花，排在她前面的是現任首相布萊爾和大胸豔星喬丹。

下臺後的柴契爾不甘心離開政治，在極不情願地遞交了辭呈以後，柴契爾仍然幻想著有一天能重返唐寧街。因此，柴契爾夫人辭職前便選定了繼承自己政治衣缽的梅傑。在她眼中，這個學歷只有高中，由她一手培植，對她百依百順的梅傑，應當是她放在首相府裡的一個代理人。

當發現梅傑背離了她的主義時，「鐵娘子」便使出「貴婦人特有的那種近乎瘋狂的刁蠻」來倒梅傑的臺，不惜將自己所屬的保守黨搞得四分五裂，並導致保守黨在西元 1997 年大選中輸給工黨。

柴契爾夫人被認為是演講才能僅次於邱吉爾的個性派演說家，退休後，她仍然四處演講，發表反對歐洲一體化的言論，堅持認為「英鎊加入歐元體系是出賣英國的主權」。

西元 2001 年 6 月，柴契爾曾經的仰慕者、英國現任首相布萊爾忠告柴契爾夫人：「英國正在前進，柴契爾時代早已過去。」但柴契爾夫人對此不予理會。

西元 2002 年，在與丈夫丹尼斯爵士赴馬德拉群島度假慶祝 50 週年金婚紀念日時，柴契爾夫人輕度中風，此後又發作了數次，柴契爾被迫不再進行公開演講，並退出一切公眾活動。

雖然柴契爾夫人辦公室發表聲明說，這只是預防措施，柴契

爾夫人並未因中風喪失說話能力或癱瘓，但英國輿論還是紛紛直言：柴契爾夫人的引退，代表了「一個時代的終結」，而保守黨黨魁們對此表示「難過」，內心卻深感從此可以擺脫柴氏陰影，消除外界對保守黨仍由鐵娘子「垂簾聽政」的印象。

雖然柴契爾夫人堅持照顧家庭，甚至堅持為丈夫孩子親手做早餐，但她從來不掩飾自己的女權主義傾向，早在伊麗莎白女王即位之前，柴契爾就在一篇公開發表的文章中寫道：

> 假如伊麗莎白女王即位，真能消除反對有抱負的婦女登上最高權位的最後一絲偏見的話，那麼一個婦女解放的新時代，就真的即將來臨了。

在西元 1979 年柴契爾夫人上臺之前，英國朝野普遍擔心她與女王伊麗莎白二世這兩個強大的女人將會如何相處，但事實上，柴契爾這個從來不把男人放在眼裡的女人，卻對另一個女人保持了終其一生的謙恭與忠誠，她也因此獲得了女王的尊重與信任。在女王所有首相中，柴契爾夫人被認為是「最順從的僕人」。

「鐵娘子」柴契爾從來不肯屈意奉承討好男人，卻多次公開表示，與丹尼斯結婚是她這輩子做得最正確的選擇之一。他們夫妻二人都具有傳統價值觀，但是他比她更右傾。他們都對經濟感興趣，都相信保守黨具有無與倫比的美德。

日常生活中，他們卻各有各的興趣愛好：他愛好運動，尤其是高爾夫，她一點也不感興趣。他抽菸，她可以容忍。他喜歡飲酒，但是一看見她出現，就偷偷把手中的酒倒進身邊的花盆裡。

「柴契爾主義」的深遠影響

在柴契爾之前，丹尼斯曾有過一次失敗的婚姻。但柴契爾夫婦對前塵往事都絕口不提，一來，柴契爾夫人所屬的衛理公會反對離婚，二來，柴契爾夫人在任何問題上都不願屈居「第二」，就連對自己的雙胞胎子女，也是在他們 23 歲以後才告之實情。

即使是鋼鐵般的女人，在時間面前也無能為力，琳達·麥克道佳爾西元 2003 年在《星期日泰晤士報》上寫道，她被老年柴契爾夫人的變化「震驚」了：「這麼多年來，我一直羨慕她那股自信，但現在，我從她身上看到的是恐懼和不安。」

丹尼斯因心臟病去世後，不知疲倦的「鐵娘子」突然陷入孤獨，並以前所未有的速度奔向衰老，逐漸喪失了參與政治的興趣與體力。

附錄　柴契爾年譜

西元 1925 年 10 月 13 日，柴契爾夫人即瑪格麗特生於英格蘭林肯郡格蘭瑟姆市。

西元 1943 年，進牛津大學薩默維爾女子學院攻讀化學。大學時代參加保守黨，並擔任牛津大學保守黨協會主席。

西元 1947 年至 1951 年，任兩家化學公司的化學研究員，利用業餘時間攻讀法律。

西元 1953 年，林肯律師協會批准她為律師。

西元 1959 年，當選為保守黨下議院議員。

西元 1961 年，任年金和國民保險部政務次官。

西元 1964 年，任下議院保守黨前座發言人。

西元 1970 年，任教育和科學大臣。

西元 1975 年 2 月，當選為保守黨領袖。

西元 1977 年，首次訪華。

西元 1979 年 5 月 3 日，保守黨大選獲勝，柴契爾夫人出任首相，成為英國歷史上第一位女首相。她上臺便拋棄了「共識政治」。柴契爾信奉貨幣主義理論，上臺後就進行大刀闊斧的改革。她主要採取四項措施，一是私有化，二是控制貨幣，三是削減福利開支，四是打擊工會力量。

西元 1982 年，第二次訪華，商談香港回歸問題。

西元 1983 年 6 月和 1987 年 6 月，連任首相。

西元 1984 年 12 月，第三次訪華，與中國政府簽署《中英兩國政府關於香港問題的聯合聲明》。

西元 1990 年 11 月，辭去首相職務。

西元 1991 年，卸任後再次訪華。

西元 1992 年 6 月，被封為終身貴族。

西元 1993 年 5 月，任威廉 —— 瑪麗學院第二十一任名譽院長。

附錄

西元 2001 年 12 月，柴契爾與丈夫丹尼斯爵士赴馬德拉群島度假，但在慶祝50 周年結婚紀念日時曾出現輕度中風。

西元 2002 年 3 月，在醫生的建議下，柴契爾夫人因為健康原因退出了社交圈。

西元 2005 年 10 月 13 日，柴契爾夫人八十大壽，不管是多年的朋友還是曾經的政敵，很多人專門發來生日祝福，高度評價她。英國女王和布萊爾首相等嘉賓也都出席她的生日慶祝會。

最強女首相柴契爾夫人：

以女性身分挑戰父權體制，以婦女之姿站上政界巔峰，席捲英國政壇成為傑出領袖

編　　著：潘于真，何水明

發 行 人：黃振庭

出 版 者：崧燁文化事業有限公司

發 行 者：崧燁文化事業有限公司

E-mail：sonbookservice@gmail.com

粉 絲 頁：https://www.facebook.com/
　　　　　sonbookss/

網　　址：https://sonbook.net/

地　　址：臺北市中正區重慶南路一段六十一號八
　　　　　樓 815 室

Rm. 815, 8F., No.61, Sec. 1, Chongqing S. Rd.,
Zhongzheng Dist., Taipei City 100, Taiwan

電　　話：(02)2370-3310

傳　　真：(02)2388-1990

印　　刷：京峯彩色印刷有限公司（京峰數位）

律師顧問：廣華律師事務所 張珮琦律師

定　　價：299 元

發行日期：2022 年 10 月第一版

◎本書以 POD 印製

國家圖書館出版品預行編目資料

最強女首相柴契爾夫人：以女性身
分挑戰父權體制，以婦女之姿站上
政界巔峰，席捲英國政壇成為傑出
領袖 / 潘于真，何水明編著 . -- 第
一版 . -- 臺北市：崧燁文化事業有
限公司 , 2022.10
　　面；　公分
POD 版
ISBN 978-626-332-748-1(平裝)
1.CST: 柴 契 爾 (Thatcher,
Margaret, 1925-2013) 2.CST: 傳
記
784.18　　111014478

電子書購買

臉書